Währungsderivate

Praxisleitfaden für ein effizientes Management
von Währungsrisiken

von

Michael Bloss,

Nadine Eil,

Dietmar Ernst,

Harald Fritsche

und

Joachim Häcker

Oldenbourg Verlag München

Bibliografische Information der Deutschen Nationalbibliothek

Die Deutsche Nationalbibliothek verzeichnet diese Publikation in der Deutschen
Nationalbibliografie; detaillierte bibliografische Daten sind im Internet über
<http://dnb.d-nb.de> abrufbar.

© 2009 Oldenbourg Wissenschaftsverlag GmbH
Rosenheimer Straße 145, D-81671 München
Telefon: (089) 45051-0
oldenbourg.de

Lektorat: Wirtschafts- und Sozialwissenschaften, wiso@oldenbourg.de
Herstellung: Anna Grosser
Coverentwurf: Kochan & Partner, München
Gedruckt auf säure- und chlorfreiem Papier
Druck: Grafik + Druck, München
Bindung: Thomas Buchbinderei GmbH, Augsburg

ISBN 978-3-486-58344-1

Geleitwort

Die immer weiter fortschreitende Globalisierung der Wirtschaft stellt uns vor neue und ungeahnte Aufgaben. Diese spiegelt sich in der zunehmenden Bedeutung von Währungssicherungsgeschäften wider. Gleichzeitig eröffnet die Globalisierung ein großes Spielfeld für Spekulationen auf Währungspaare und Wechselkursveränderungen. Sicherungs- und Spekulationsgeschäfte werden sowohl von dem klassischen, in Deutschland so verbreiteten Mittelstand als auch von großen multinationalen Konzernen wahrgenommen. Dieser für die Wirtschaft so bedeutenden Thematik sowie deren Lösungsansätze haben sich die Autoren des vorliegenden Werkes angenommen und zeigen in diesem Absicherungsstrategien und Investitionsstrategien gleichermaßen auf. Damit haben die Autoren

Michael Bloss, Nadine Eil, Harald Fritsche, Dietmar Ernst und Joachim Häcker ein Grundlagenwerk geschaffen, das sich sowohl für den studentischen Leser als auch für den Praktiker in einer Treasuryabteilung oder Bank eignet.

Viele Jahrhunderte sind vergangen, seitdem König Krösus 650 v. Chr. die Idee zur Prägung von Gold zu Geld hatte. Nur wenige Jahrzehnte sind seit der Aufhebung des Goldstandards verstrichen. Doch diese Jahrzehnte haben uns gezeigt, wie wichtig aktuelle und vor allem zukunftsgerichtete Einschätzungen der einzelnen Währungen zueinander sind.

Durch die starke Verwobenheit der Warenmärkte, denken Sie nur an den Rohstoffmarkt, sind Wechselkursabsicherungen heute als klassisches Tagesgeschäft präsent. Gerade in den vergangenen Monaten sind diese durch die deutliche Aufwertung des EURO gegenüber den anderen Leitwährungen wie USD, CHF und YEN wieder deutlicher in den Mittelpunkt gerückt. Das vorliegende Werk beleuchtet die ganze Breite von Währungsgeschäften und zeigt die damit verbundenen Strategien von Sicherungs- und Spekulationsgeschäften sowie deren Umsetzungsmöglichkeiten. Dabei gehen die Autoren sowohl auf Devisenkassastrategien als auch auf die Königsklasse, die Devisenterminstrategien, detailliert ein.

Thomas Vetter
Vorsitzender der Geschäftsleitung
Commerzbank AG
Wealth Management

„Gerade für den exportorientierten Mittelstand zeigt das Buch die Wichtigkeit von Währungsderivaten für die Absicherung von Währungsrisiken."

Dr. Harald Unkelbach, Mitglied der Konzernführung der Würth-Gruppe

„Das vorliegende Buch stellt die komplexe Materie der Währungsderivate in einer auch für Praktiker verständlichen Weise dar."

Prof. Dr. Dr. h.c. Jochen Drukarczyk, Universität Regensburg

„Die Autoren zeigen praxisnah und theoretisch fundiert die große Bedeutung der Absicherung von Währungsrisiken international tätiger Unternehmen."

Thorsten Amann, Partner, Head International Markets Practice, KPMG, Berlin

„Währungsrisiken sind eine ernst zu nehmende Barriere für den Welthandel. Sie behindern den Austausch von Waren und Dienstleistungen und mindern somit den Wohlstand aller. Den Autoren ist es gelungen, Währungsrisiken darzulegen, Möglichkeiten der Quantifizierung aufzuzeigen sowie die modernen Werkzeuge der Währungsrisikoabsicherung zu erklären. Der Diskurs wird durch praxisnahe Ansätze illustriert."

Dr. Eckart Reihlen, Senior Vice President eines führenden internationalen Automobilzulieferers

Über die Autoren

Michael Bloss ist Abteilungsdirektor im Wealth Management der Commerzbank AG und Direktor des Europäischen Instituts für Financial Engineering und Derivateforschung (EIFD). Er lehrt als Associate Professor und Director for Derivatives am Lehrstuhl für „International Finance" der European School of Finance der Hochschule für Wirtschaft und Umwelt (HfWU) in Nürtingen und unterrichtet als Lehrbeauftragter an namhaften Universitäten und Hochschulen.

Dietmar Ernst ist Professor für Corporate Finance an der European School of Finance der Hochschule für Wirtschaft und Umwelt (HfWU) in Nürtingen. Zuvor war er bei einer Private Equity Gesellschaft und über mehrere Jahre im Bereich Mergers & Acquisitions tätig. Dietmar Ernst hat an der Universität Tübingen Internationale Volkswirtschaftslehre studiert und sowohl in Wirtschaftswissenschaften als auch Naturwissenschaften promoviert. Er ist Autor zahlreicher Standardwerke.

Joachim Häcker ist Professor an der Hochschule Heilbronn und der University of Louisville. Ferner ist er Lehrbeauftragter an der St. Galler Business School sowie Beirat von PHTS. Sein Fachgebiet ist Internationale Finanzwirtschaft, insbesondere Corporate Finance. Herr Häcker ist seit 12 Jahren als Berater im Corporate Finance Bereich tätig und war bis Ende 2003 Vice President bei Rothschild in Frankfurt und London. Herr Häcker hat an der Universität Tübingen und der Kenan Flagler Business School (USA) BWL und Jura studiert und in beiden Fächern promoviert.

Nadine Eil arbeitet bei der KfW IPEX-Bank in Frankfurt/Main und ist dort spezialisiert auf Internationale Projekt- und Exportfinanzierungen im Bereich Energie und Umwelt. Zuvor war Frau Eil bei Rothschild in Frankfurt im Investment Banking in M&A Advisory in den Sektoren „Transport" und" Business Services" tätig. Bei der Société Générale Corporate & Investment Banking in London hat sie Erfahrungen im Bereich „Sales Debt Finance" erworben, nachdem sie als Kreditanalystin und Akquisiteurin bei der Landesbank Saar im Bereich „International Finance – Corporates and Structured Products" tätig war.

Harald Fritsche ist Unternehmensberater im Bereich Financial Risk Management einer internationalen Wirtschaftsprüfungs- und Beratungsgesellschaft. Sein Schwerpunkt liegt in der Beratung von Industrieunternehmen im Bereich Finanz- und Treasurymanagement.

Vorwort

Die internationalen Verflechtungen der Wirtschaft führen zu einer wachsenden Bedeutung des Währungsmanagements international tätiger Unternehmen. Deutschland als „Exportweltmeister" ist davon in besonderem Maße betroffen. Dabei ist es entscheidend, besonders auch dem Mittelstand ein gewisses Risikoverständnis zu vermitteln. Grundlage dafür sind sicherlich die volkswirtschaftlichen Mechanismen der Wechselkursbestimmung. Der zweite Teil des Buches befasst sich genau mit diesen grundlegenden Paritätsbeziehungen. Neben diesen sind die verschiedenen Ausprägungsformen des Währungsrisikos ein wichtiger Schritt zu einem klaren Risikoverständnis. Der Schwerpunkt dieses Buches liegt schließlich in den Möglichkeiten der externen Absicherung gegen Währungsrisiken mit Hilfe von derivativen Finanzinstrumenten. Ein besonderes Augenmerk liegt dabei auf Optionsstrategien, die bisher in der Literatur nur selten in dieser Tiefe behandelt wurden.

Das vorliegende Buch richtet sich an Praktiker, die sich mit dem Thema Währungsmanagement befassen. Ferner soll es jedoch auch interessierten „Neueinsteigern" das Thema auf eine praxisnahe Art und Weise näher bringen. Da das Treasury Management immer mehr auch in den Fokus der Universitäten und Hochschulen rückt, soll das Buch den Dozenten und Studierenden als ein praxisnaher Leitfaden des Währungsmanagements dienen.

Die Autoren bedanken sich bei allen, die an der Entstehung dieses Buches beteiligt waren und uns auf unserem Weg unterstützt haben. Besonders danken möchten wir Dr. Jürgen Schechler, Leiter des Lektorats Wirtschafts- und Sozialwissenschaften im Oldenbourg Wissenschaftsverlag, für seine stets angenehme, kompetente und konstruktive Zusammenarbeit.

Für Fragen, Anregungen und Hinweise schreiben Sie uns bitte an:

derivate@oldenbourg.de

Nürtingen und Frankfurt, im Frühjahr 2009

Michael Bloss
Nadine Eil
Harald Fritsche
Dietmar Ernst
Joachim Häcker

Inhalt

TEIL B
Rahmenbedingungen für Währungsmanagement

Währungsmanagement international tätiger Unternehmen

1 Devisen- und Finanzmärkte

1.1 Finanzmärkte – Begriffsdefinition und Kategorisierung

Die Finanzmärkte verzeichneten in den vergangenen Jahrzehnten ein enorm schnelles Wachstum und nehmen mittlerweile einen Sonderstatus innerhalb der Wirtschaft ein. Heute wird weltweit kaum noch eine wirtschaftspolitische Entscheidung getroffen, ohne dass dabei von den Regierungen die möglichen Reaktionen an den Finanzmärkten mit bedacht werden.

Effiziente Finanzmärkte sind historisch gewachsen, und es gäbe sie in der heutigen Form nicht ohne die Banken, die quasi die „institutionelle Moderation" übernommen haben.

Es gibt eine Vielzahl von Möglichkeiten, den Finanzmarkt als solchen zu definieren und zu unterteilen; eine einheitliche Betrachtungsweise hierfür existiert nicht. Traditionell werden die Finanzmärkte nicht als „Orte", sondern als Gesamtheit aller Finanztransaktionen gesehen; die Aufgabe von Finanzmärkten besteht in der Mobilisierung, Bereitstellung sowie Bewertung von Finanzmitteln. Hier treffen also Angebot und Nachfrage nach Finanzierungsmitteln zusammen; die unterschiedlichen Interessen der Marktteilnehmer werden zusammengeführt und es findet eine Allokation von Finanzmitteln aus Angebot und Nachfrage zu einem Gleichgewichtspreis statt. Die Mechanismen der Preisbildung spielen an Finanzmärkten eine wichtige Rolle. Von den Gütermärkten unterscheiden sich Finanzmärkte insofern, als dass es sich bei dem gehandelten „Gut" um nicht physische Finanzprodukte handelt, die neben zukünftigen Zahlungsversprechen mit bestimmten Rechten ausgestattet sind, die der Käufer gegen Geld erwirbt.

Weit verbreitet ist die Unterteilung des Finanzmarktes nach der Fristigkeit der dort getätigten Transaktionen; hier wird unterschieden zwischen dem Geldmarkt und dem Kapitalmarkt. Allerdings ist eine solche Unterteilung aufgrund der heutigen Entwicklungen kritisch zu betrachten, da die Grenzen zwischen Geld- und Kapitalmärkten zunehmend verschwimmen. Die gängigste Kategorisierung des Finanzmarktes umfasst die Einteilung in Geld-, Kapital- und Devisenmarkt. Dabei unterscheidet man zusätzlich nach Finanztransaktionen in Fremdwährungen. Der Geldmarkt wiederum kann unterteilt werden in den Geldmarkt im weiteren Sinne und den Geldmarkt im engeren Sinne, der auch Interbankenmarkt genannt wird.

Eine andere Betrachtungsweise differenziert anhand des Zeitpunktes, zu dem die Finanzprodukte gehandelt werden, zwischen dem Primärmarkt und dem Sekundärmarkt.

Unterscheidet man zwischen den Arten der gehandelten Produkte, so ergibt sich eine Unterteilung in Eigenkapitalmarkt, Fremdkapitalmarkt und Derivatemarkt. Während in den ersten beiden Marktsegmenten die originären Finanzprodukte gehandelt werden, nämlich Aktien am Eigenkapitalmarkt und Anleihen/Kredite/kurzfristige Gelder am Fremdkapitalmarkt, erfolgt am Derivatemarkt ein reiner Risikotransfer ohne Funding, der lediglich auf einem der o.g. originären Grundgeschäfte basiert.

Die verschiedenen Marktsegmente, die allesamt unter dem Begriff „Finanzmarkt" zusammengefasst werden können, überschneiden sich oftmals; eine klare Trennung zwischen diesen ist nicht möglich, was nicht zuletzt auf die Dynamik zurückzuführen ist, die die einzelnen Segmente in der Vergangenheit entwickelt haben. Durch die Globalisierung verschmelzen nationale und internationale Finanzmärkte zunehmend, der Handel von Produkten verschiedener Fristigkeiten und Währungen in Realtime ist heute alltäglich. Im Folgenden halten wir uns an die geläufigste Unterteilung des Finanzmarktes in Geldmarkt, Interbankenmarkt, Kapitalmarkt und Devisenmarkt.

1.2 Der Geldmarkt

1.2.1 Definition

Der Geldmarkt stellt denjenigen Teil des Finanzmarktes dar, der die kurzfristigen Finanztransaktionen mit Laufzeiten von bis zu einem Jahr umfasst. An Geldmärkten werden also Gelder kurzfristig angelegt oder verliehen.

Der Geldmarkt wird gemäß der Definition der Deutschen Bundesbank wiederum unterteilt in einen Geldmarkt im engeren Sinne und einen Geldmarkt im weiteren Sinne.

Am Geldmarkt im engeren Sinne findet der Handel mit Zentralbankguthaben statt. Zur Bildung von Reserven verfügen Geschäftsbanken über Einlagen bei der Zentralbank; diese werden für den Handel zwischen den Banken verwendet. Der Geldmarkt im engeren Sinne wird auch als „Interbankenmarkt" bezeichnet; dieser wird im Kapital 1.4 detaillierter dargestellt.

Der Geldmarkt im weiteren Sinne umfasst den Handel mit Geldmarktpapieren; dies sind Schuldverschreibungen mit Laufzeiten zwischen einem Tag und einem Jahr. Die geläufigsten Geldmarktpapiere sind kurzfristige Staatspapiere, Certificates of Deposit (Einlagenzertifikate) und Commercial Papers.

1.2.2 Marktteilnehmer

Am Geldmarkt treten sowohl die Öffentliche Hand als auch institutionelle Anleger wie Banken, Versicherungen, Fondsgesellschaften und Unternehmen auf; der Geldmarkt dient für sie dem Liquiditätsmanagement. Der wichtigste Akteur ist allerdings die Zentralbank.

Während die Unternehmen und Finanzinstitutionen den Geldmarkt nutzen, um sich kurzfristig benötigte Liquidität zu besorgen oder überschüssige Liquidität kurzfristig anzulegen, übt die Zentralbank über den Geldmarkt ihre Geldpolitik aus, indem sie die Geldmenge steuert und das Kreditvergabeverhalten der Banken beeinflusst.

1.2.3 Produkte

An den Geldmärkten werden Zentralbankguthaben und Geldmarktpapiere sowie Finanzderivate und Geldmarktkredite gehandelt. Im Einzelnen handelt es sich dabei um folgende Produkte:

Unbesicherte Geldmarktkredite
Diese sind in der Regel sehr kurzfristig und erfolgen im Rahmen festgelegter Kreditlinien.

Besicherte Geldmarktkredite oder „Repo-Geschäfte"
Der Kreditnehmer verkauft an den Kreditgeber Vermögenswerte, üblicherweise Wertpapiere, und vereinbart zudem den Rückkauf dieser Wertpapiere zu einem späteren Termin. Oftmals erfolgen Repo-Geschäfte zwischen Geschäftsbanken und der Zentralbank; es handelt sich dabei um einen Kredit der Zentralbank an die Geschäftsbank.

Geldgeschäfte der Zentralbank
Hierunter fallen in der Eurozone die Hauptfinanzierungsfazilität, die längerfristigen Refinanzierungsgeschäfte und die ständigen Fazilitäten.

Geldmarktpapiere
Dies sind Wertpapiere, die als Substitute für Geldmarktanlagen gehandelt werden. Hierunter fallen:

- „Certificates of Deposit" oder Einlagenzertifikate: Unterjährige Schuldverschreibungen von Banken in Form verbriefter, handelbarer Einlagen von Nichtbanken bei Banken mit einer Laufzeit von drei bis zwölf Monaten, die als Inhaberschuldverschreibungen emittiert werden.

- „Commercial Papers": Dies sind Geldmarktpapiere, die ebenfalls als Inhaberschuldverschreibungen, allerdings mit individuellen Laufzeiten zwischen 30 und 270 Tagen, ausgegeben werden. Emittenten von CPs sind überwiegend Unternehmen mit erstklassiger Bonität.

- Bekannte von Regierungen emittierte Geldmarktpapiere sind die Bundesschatzanweisungen in Deutschland und die Treasury Bills in den USA.

Geldmarktderivate
Zu den Geldmarktderivaten zählen Zinsswaps, Zinsfutures und Devisenswaps mit einer Laufzeit unter einem Jahr.

1.3 Der Kapitalmarkt

1.3.1 Definition

Am Kapitalmarkt finden mittel- bis langfristige Finanztransaktionen mit einer Laufzeit von mehr als einem Jahr statt; hier werden Fremdmittel – in verbriefter Form als Anleihen („Rentenmarkt") oder in nicht verbriefter Form als Kredite oder Schuldscheindarlehen – und Beteiligungskapital wie Aktien („Aktienmarkt") vermittelt. Man unterscheidet auch zwischen dem organisierten Kapitalmarkt – hierunter fällt beispielsweise die Börse – und dem nicht organisierten Kapitalmarkt; dieser beinhaltet u.a. die Vergabe langfristiger Darlehen durch Banken.

Über den Kapitalmarkt fließt also sowohl Unternehmen als auch der Öffentlichen Hand ein bedeutender Teil an Kapital zu, der der Finanzierung ihrer Investitionen und sonstigen längerfristig orientierten Ausgaben dient. Versorgt wird der Kapitalmarkt zu einem großen Teil aus Spareinlagen der privaten Haushalte bei Kreditinstituten. Es werden aber auch Mittel von Versicherungsunternehmen in den Markt gebracht, die ihre Gelder längerfristig und zinsgünstig ausleihen können, sowie Gelder von ausländischen Anlegern.

1.3.2 Marktteilnehmer

Am Kapitalmarkt sind sowohl Privatpersonen und institutionelle Anleger wie Unternehmen, Banken, Fondsgesellschaften und Versicherungen als auch die Öffentliche Hand vertreten.

Privatpersonen verfolgen als Anleger am Kapitalmarkt üblicherweise langfristig orientierte Anlagestrategien zur Vermögensbildung bzw. nehmen als Kreditnehmer langfristiges Kapital zum Erwerb langlebiger Konsumgüter oder zur Anschaffung einer Immobilie auf.

Unternehmen nehmen am Kapitalmarkt langfristiges Kapital auf, um Investitionen zu tätigen, die für die langfristige Erhaltung des Geschäftsbetriebes bzw. für geplantes Wachstum erforderlich sind.

Banken wiederum treten einerseits als Kreditgeber für langfristige Darlehen an Unternehmen oder Privatpersonen auf und nehmen andererseits langfristige Einlagen ihrer Kunden herein bzw. platzieren Anleihen zur Aufnahme von langfristigem Fremdkapital.

Fondsgesellschaften und *Versicherungen* legen die Mittelzuflüsse ihrer Investoren bzw. Versicherungsnehmer langfristig am Kapitalmarkt an, um eine bestimmte Rendite zu erzielen, und die Öffentliche Hand besorgt sich am Kapitalmarkt durch die Platzierung von Anleihen wie beispielsweise Bundeswertpapieren in Deutschland langfristiges Kapital zur Finanzierung des Staatshaushaltes.

1.3.3 Produkte

Hinsichtlich der Produkte am Kapitalmarkt kann man zwischen Fremdkapitalprodukten und Eigenkapitalprodukten unterscheiden. Fremdkapitalprodukte beinhalten Gläubigerrechte in verbriefter oder unverbriefter Form, während Eigenkapitalprodukte Beteiligungsrechte umfassen.

Fremdkapitalprodukte

Die Nachfrager können Fremdkapital in verbriefter Form („Renten") oder in unverbriefter Form (Bankdarlehen, Schuldscheindarlehen) aufnehmen. Die wichtigsten Produkte sind:

- *Bankdarlehen:* Hierbei handelt es sich um eine bestimmte Form des Kredites, bei dem eine Bank einem Darlehensnehmer (Unternehmen oder Privatperson) einen festgelegten Geldbetrag zu einem zuvor vereinbarten Zins für eine bestimmte Dauer („Laufzeit") überlässt. Der Darlehensnehmer zahlt diesen Geldbetrag zu ebenfalls zuvor vereinbarten Rückzahlungsmodalitäten bis zur Endfälligkeit zuzüglich der anfallenden Zinsen an die Bank zurück.

- *Schuldscheindarlehen:* Das Schuldscheindarlehen stellt eine besondere Form des Darlehens dar, das insbesondere im Bereich der langfristigen Investitionsfinanzierung zum Einsatz kommt. Der Schuldschein ist eine Urkunde, die beweist, dass der Schuldner den Darlehensbetrag erhalten hat. In der Praxis wird der Schuldschein allerdings oftmals durch einen Darlehensvertrag ersetzt. Häufig nehmen diejenigen Unternehmen, die keinen Zugang zum Anleihenmarkt haben, etwa weil der benötigte Kapitalbetrag zu gering ist, Schuldscheindarlehen auf. Anders als Anleihen sind Schuldscheindarlehen nur per Zession übertragbar, die oft an die Zustimmung des Darlehensnehmers gebunden ist.

■ *Festverzinsliche Wertpapiere („Renten"):* Sie werden auch Anleihen, Obligationen oder Schuldverschreibungen genannt. Dies sind verbriefte Gläubigerrechte wie beispielsweise Staatsanleihen und Unternehmensanleihen, die dem Gläubiger festgelegte Leistungen versprechen, wie etwa die termingerechte Rückzahlung des Nominalbetrages und die Zahlung der vereinbarten Zinsen. Da es sich, anders als beim Schuldschein, um ein Inhaberpapier handelt, kann derjenige, der die Urkunde besitzt, die Leistung verlangen. Daher sind Schuldverschreibungen leicht übertragbar und werden an der Börse gehandelt. Ihre Bedeutung am Kapitalmarkt ist auch deshalb so groß, weil Unternehmen durch die Emission von Schuldverschreibungen enorme Kreditsummen von einer Vielzahl von Investoren aufnehmen können, die ein einzelner Kapitalgeber nicht zu zahlen bereit wäre. Allerdings sind die Auflagen auch entsprechend strenger: der Emittent einer Schuldverschreibung muss beispielsweise einen Verkaufsprospekt veröffentlichen und über eine Börsenzulassung verfügen.

■ *Fondsanteile:* Fonds setzen sich zusammen aus dem Vermögen vieler Investoren, welches von Kapitalanlagegesellschaften verwaltet wird. Fondsmanager legen dieses Kapital je nach Fondsstruktur in Renten, Aktien, Immobilien etc. an und versuchen, dem Anleger je nach Fondskonzept eine möglichst hohe Rendite oder eine möglichst konservative Anlage ihrer Einlagen zu gewährleisten. Der Investor eines Fonds erwirbt durch seine Einlagen Anteile am Fondsvermögen und partizipiert an der Wertentwicklung des Fonds. Fondsanteile an offenen Fonds sind fungibel und können jederzeit über die Börse ge- und verkauft werden.

■ *Hybridkapital („Mezzanine"):* Hierunter fallen Wandelanleihen, Optionsanleihen, Genussscheine und Nachrangdarlehen. Dies sind Fremdkapitalinstrumente, die eigenkapitalähnliche Eigenschaften besitzen. Wandelanleihen können in Aktien umgetauscht werden, Optionsanleihen sind mit einem Sonderrecht auf Aktienbezug ausgestattet, und Genussscheine verbriefen bestimmte Vermögensrechte wie z.B. die Beteiligung am Gewinn und Verlust eines Unternehmens. Ein Nachrangdarlehen ist nachrangig zu anderen Darlehen eines Unternehmens und wird daher beispielsweise im Falle einer Insolvenz erst nach den vorrangigen Darlehen bedient.

Eigenkapitalprodukte

Der bedeutendste Bereich bei den Eigenkapitalprodukten ist der Aktienmarkt; dieser umfasst verbriefte und damit fungible Beteiligungen an Aktiengesellschaften. Des Weiteren gibt es nicht verbriefte Beteiligungen an anderen Gesellschaftsformen. Für die Darstellung des Kapitalmarktes ist hier allerdings nur der Aktienmarkt relevant.

■ *Aktien:* Aktien sind Wertpapiere, die rechnerische Anteile am Grundkapital einer Aktiengesellschaft verbriefen. Der Aktionär ist damit Eigenkapitalgeber und Anteilseigner der Gesellschaft. Er kann seinen Anteil nicht kündigen, sondern nur weiterveräußern. Er profitiert vom Aktienbesitz durch Kursgewinne und Dividendenzahlungen, die ihm allerdings nicht garantiert werden, sondern von den Gewinnen abhängen, die die Aktiengesellschaft erwirtschaftet. Als Eigenkapitalgeber ist der Aktionär nicht nur an den Gewinnen, sondern auch an den Verlusten beteiligt, maximal jedoch in Höhe seines eingesetzten Kapitals. Aktien sind i.d.R. leicht übertragbar und werden an der Börse gehandelt.

1.4 Der Interbankenmarkt

1.4.1 Definition

Beim Interbankenmarkt handelt es sich um den Geldmarkt im engeren Sinne. Er wird auch als Banken-Geldmarkt bezeichnet; dieses Finanzmarktsegment umfasst den Handel mit Zentralbankgeld zwischen Geschäftsbanken. Zur Bildung von Reserven hinterlegen Geschäftsbanken Einlagen bei der Zentralbank, die für den Handel zwischen den Banken verwendet werden. Solche Einlagen können beispielsweise Tagesgelder oder Termingelder sein. Die Guthaben der Geschäftsbanken bei der Zentralbank stellen Forderungen der Geschäftsbanken gegenüber der Zentralbank dar, während die Zentralbank die Summe aller Verbindlichkeiten als „Reserven" in ihrer Bilanz passiviert.

Interbankenkreditgeschäfte stellen im Wesentlichen eine Möglichkeit für Banken dar, sich schnell Kapital zu besorgen. Beispielsweise möchte eine Bank ein großes Industrievorhaben finanzieren, hat aber nicht genügend Zeit, darauf zu warten, dass Einlagen oder Zinszahlungen eingehen. In solchen Fällen wird die Bank diesen Betrag zeitnah von anderen Banken leihen, und zwar zu einem Zinssatz, der dem Leitzins entspricht oder höher ist (zu EURIBOR oder LIBOR zuzüglich einer Risikoprämie). Hier spielt die Entwicklung des Leitzinses eine wichtige Rolle; erhöht die Zentralbank diesen, hält dies die Banken tendenziell eher davon ab, Interbankenkredite aufzunehmen, was es für sie wiederum deutlich schwerer macht, sich Geld zu beschaffen. Umgekehrt ermutigen fallende Zinsen die Banken, sich Geld zu leihen und es deshalb freier zu investieren. Somit dient der Zinssatz als Steuerungsinstrument zur Kontrolle, wie frei eine Wirtschaft operieren kann.

1.4.2 Marktteilnehmer

Zum Interbankenmarkt haben lediglich Banken und Zentralbanken Zugang. Die Geschäftsbanken am Interbankenmarkt verlangen ein möglichst geringes Kontrahentenrisiko, so dass nur Banken mit guter Bonität Zugang zum Interbankenmarkt haben. Genau aus diesem Grund ist der Interbankenmarkt im Zuge der aktuellen Finanz- und Wirtschaftskrise nahezu völlig zum Erliegen gekommen; mangelndes Vertrauen zwischen den Banken hinsichtlich deren Bonität und Zahlungsfähigkeit hielten die Banken davon ab, sich gegenseitig Geld zu leihen. Maßnahmen wie Zinssenkungen und damit einer Überschwemmung des Interbankenmarktes mit Geld sollten die Banken ermutigen, sich gegenseitig wieder zu vertrauen und den Interbankenmarkt wieder in Gang zu bringen.

1.4.3 Produkte

Am Interbankenmarkt findet die kurzfristige Geldleihe zwischen Banken statt. Für Geldmarktgeschäfte unter Banken werden die zwischen den Banken gültigen Kreditzinsen für die jeweiligen Laufzeiten (zwischen einer Woche und einem Jahr) gemittelt; die hieraus ermittelten Referenzzinssätze werden beispielsweise in der Eurozone unter dem Namen EURIBOR oder für die „Nicht Euro Zone" unter dem Namen LIBOR veröffentlicht.

1.5 Der Devisenmarkt

1.5.1 Definition

Der Devisenmarkt ist ein spezieller Teil des Finanzmarktes; hier werden Währungen gehandelt. Der Preis einer Währung, der so genannte Wechselkurs, wird gebildet auf Basis von Angebot und Nachfrage nach der jeweiligen Währung. Der Tausch zweier Währungen gegeneinander unterscheidet den Devisenmarkt vom so genannten „Außengeldmarkt", an dem beispielsweise eine Bank einen kurzfristigen Kredit in Fremdwährung gewährt oder Gelder eines Handelspartners in Fremdwährung bei sich anlegt. Auch der Devisenmarkt hat keinen festen Standort; es handelt sich um einen globalen elektronischen Markt, an dem die Geschäfte direkt zwischen den Banken abgewickelt werden. Daher kann der Handel mit Devisen weltweit ohne zeitliche Beschränkung stattfinden.

1.5.2 Marktteilnehmer

Nahezu alle Devisenmarkttransaktionen werden über den internationalen Interbankenmarkt abgewickelt. Die bedeutendsten Währungen der Welt werden durch elektronisch miteinander verbundene Banken gehandelt.

Neben Banken sind am Devisenmarkt aber auch Investmentfonds, multinationale Unternehmen und Zentralbanken aktiv, und auch Privatpersonen können im weitesten Sinne am Devisenmarkt tätig werden, indem sie beispielsweise Auslandswährungen für ihren Urlaub einkaufen. Zu den wichtigsten Akteuren gehören:

- Geschäftsbanken

- Unternehmen

- Bankfremde Finanzdienstleister

- Zentralbanken

Der *Interbankenhandel* macht den größten Teil der Devisenmarktgeschäfte aus; die Mehrheit der Devisentransaktionen besteht darin, dass Bankeinlagen getauscht werden, die Banken in verschiedenen Währungen halten.

Unternehmen, deren Geschäftstätigkeiten in verschiedenen Ländern stattfinden, leisten oder erhalten häufig Zahlungen in Fremdwährung, die sie dann am Devisenmarkt einkaufen oder verkaufen.

Bankfremde Finanzdienstleister sind infolge der Deregulierung vieler Finanzmärkte dazu übergegangen, ihren Kunden auch Dienstleistungen im Zusammenhang mit Devisen anzubieten. Hierzu zählen beispielsweise Pensionsfonds, die als internationale Investoren häufig mit Devisen handeln.

Zentralbanken greifen durch ihre Handelsaktivitäten intervenierend in die Devisenmärkte ein, um den Wechselkurs einer Währung zu beeinflussen.

Gerade am Devisenterminmarkt sind außerdem sowohl Händler als auch Zinsarbitrageure und Spekulanten aktiv. Diese verfolgen unterschiedliche Ziele: Der Händler deckt Risiken bei zukünftigen Zahlungsströmen in Fremdwährung ab. Arbitrageure nutzen die internationalen Unterschiede in den Ertragsraten von Finanzanlagen aus, und Spekulanten versuchen, von den Unterschieden zwischen Terminkurs und Kassakurs zu profitieren.

1.5.3 Volumina

Der Devisenmarkt ist der deutlich größte Finanzmarkt. Im Zuge der Globalisierung und aufgrund des starken Anstiegs der internationalen Transaktionen in den vergangenen Jahrzehnten ist der Devisenmarkt nahezu explosionsartig gewachsen. Während das durchschnittliche täglich gehandelte Volumen 1989 noch rund 590 Milliarden US-Dollar betrug, lag es im Jahr 2004 bereits bei geschätzten 1.880 Milliarden US-Dollar pro

Handelstag. Viele Marktbeobachter führen den besonders starken Anstieg seit 2001 u.a. auf die verstärkten Aktivitäten von Hedge-Fonds zurück. Nicht zuletzt hat aber auch die zunehmende Wahrnehmung von Devisen als Kapitalanlageklasse den starken Volumenzuwachs gefördert.

2007 wurden gemäß der Erhebung der Bank für Internationalen Zahlungsausgleich (BIZ) im internationalen Devisenhandel bereits täglich im Durchschnitt 3,2 Billionen US-Dollar umgesetzt, was gegenüber dem Stand von 2004 einen Anstieg um mehr als 71% bedeutet – der größte Anstieg, seit die BIZ diese Daten alle drei Jahre im April erhebt. Zudem wurden im Interbankenhandel mit Devisen- und Zins-Derivativen täglich 2,1 Billionen US-Dollar umgesetzt – auch dies entspricht einem Anstieg von 71 Prozent.

Internationaler Devisenhandel
Tagesdurchschnitt im April, in Mrd. Dollar

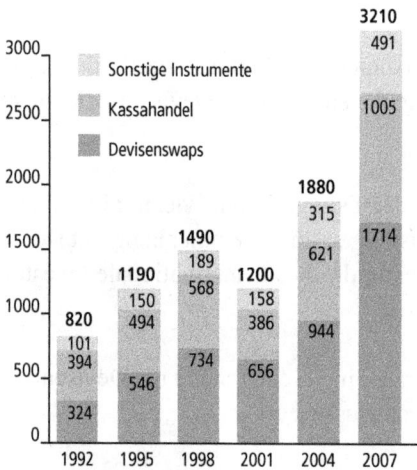

Anteil der Währungspaare im Handel
in Prozent (2007)

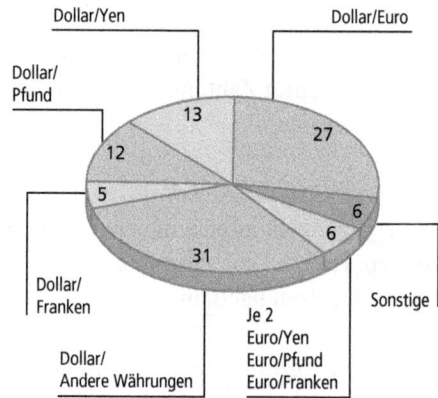

Quelle: www.faz.net a)

Abb. 1.1: Devisenhandel auf Rekordniveau

1.5.4 Produkte

Am Devisenmarkt findet der Handel von Kassa- und Termingeschäften, Devisenswaps sowie Optionsgeschäften statt.

Devisenkassageschäfte

Dies umfasst diejenigen Devisengeschäfte, die zu einem vereinbarten Devisen-Kassakurs unmittelbar, d.h. innerhalb von zwei Werktagen nach Abschluss des Geschäftes, abgewickelt werden.

Devisentermingeschäfte

Am Devisenterminmarkt werden Devisengeschäfte abgeschlossen, für die sowohl ein Devisenkurs als auch ein Abwicklungszeitpunkt festgelegt werden, der in der Zukunft liegt, beispielsweise drei Monate nach Geschäftsabschluss.

Devisenswaps

Eine Kombination aus einem Devisenkassageschäft und einem entgegengesetzten Devisentermingeschäft bezeichnet man als Devisenswap. Die Differenz zwischen dem Termin- und dem Kassakurs wird Swapsatz genannt.

Devisenoptionsgeschäfte

Wie bei Optionen üblich erwirbt der Käufer einer Devisenoption das Recht, einen bestimmten Devisenbetrag innerhalb eines festgelegten Zeitraumes vom Verkäufer der Option zu kaufen bzw. an ihn zu verkaufen. Devisenoptionsgeschäfte dienen entweder der Kurssicherung oder Spekulationszwecken.

2 Bedeutung des Devisenmarktes für deutsche Unternehmen

2.1 Bedeutung einer Währung für die Volkswirtschaft eines Landes

Der Preis einer Währung in einer anderen Währung ist ihr Wechselkurs. Währungen spielen im internationalen Handel eine zentrale Rolle, da sie es möglich machen, die Preise der Güter und Dienstleistungen verschiedener Länder miteinander zu vergleichen. Privathaushalte und Unternehmen verwenden Wechselkurse zur Umrechnung ausländischer in einheimische Preise. Sobald die Geldpreise von inländischen Gütern und von Importen in derselben Währung ausgedrückt werden, kann man die relativen Preise berechnen, welche die internationalen Handelsströme beeinflussen. Wechselkurse haben einen starken Einfluss auf die Leistungsbilanz und zählen daher zu den wichtigsten Preisen in einer offenen Volkswirtschaft.

Währungsschwankungen wirken sich auf den Import und Export eines Landes aus, was wiederum die Wertschöpfung eines Landes und damit dessen Wachstum und Wohlstand beeinflusst. Die Nachfrage nach Importen und Exporten wiederum wird von den relativen Preisen beeinflusst, die mit Hilfe der Wechselkurse die Güter und Dienstleistungen verschiedener Länder vergleichbar machen.

Steigt der Wechselkurs einer Währung, so spricht man von einer Aufwertung dieser Währung; dies hat zur Folge, dass Importe billiger und Exporte (aus Sicht des importierenden Landes) teurer werden. Fällt der Wechselkurs, so wird dies als Abwertung bezeichnet; dies wiederum hat zur Folge, dass Importe teurer und Exporte billiger werden. Eine Währungsabwertung verbilligt also die Güter des entsprechenden Landes für ausländische Nachfrager, während eine Währungsaufwertung die Güter des Landes für diese verteuert.

Auf- und Abwertungen der inländischen Währung wirken sich demnach auf das Preisniveau im Land aus; sie führen zu Preisveränderungen einerseits, was die Inflation beeinflusst, und haben Auswirkungen auf die Wettbewerbsfähigkeit der inländischen Exporteure andererseits.

2.2 Fallstudien: Wie erfolgt Währungsrisikomanagement in deutschen Unternehmen?

Wie bereits festgestellt ist der Export der wichtigste Wachstumsfaktor der deutschen Volkswirtschaft. Damit geht einher, dass die exportierenden bzw. international tätigen Unternehmen in einer Vielzahl von Ländern Währungsrisiken ausgesetzt sind, sei es aufgrund von Fakturierungen in einer anderen als der funktionalen Währung, der Aufnahme von Fremdkapital in Euro für Investitionen außerhalb des Eurolandes, oder durch Erträge bzw. Aufwendungen ausländischer Tochtergesellschaften in deren funktionaler Währung, die bei der Konsolidierung im Konzernabschluss in die Berichtswährung Euro umgerechnet werden müssen.

Im Folgenden wird anhand von Fallstudien dargestellt, wie das Währungsrisikomanagement, also die Minimierung von Risiken, die aus Fremdwährungen resultieren, in der Praxis umgesetzt wird. Dazu wurden Unternehmen verschiedener Branchen, die im DAX30 gelistet sind, analysiert. Die Unternehmen sind in den Branchen Industrie, Energie, Gas und Engineering, Informationstechnologie, Automobilindustrie, Telekommunikation, Luftfahrt und Chemie tätig. Die folgenden Aspekte wurden dabei beleuchtet:

- Wie definiert das Unternehmen Währungsrisiken?

- Auf welcher Unternehmensebene wird das Währungsrisikomanagement gesteuert?

- Welche Sicherungsstrategien liegen dem Währungsrisikomanagement zugrunde?

- Welche Währungssicherungsinstrumente werden eingesetzt und wie werden sie eingesetzt?

- Welche Nominalvolumina, Marktwerte und Buchwerte weist das Unternehmen bei Währungsderivaten aus, und wie stellen sich die Erträge bzw. Aufwendungen aus dem Einsatz von Währungsderivaten dar?

2.2.1 Siemens AG

- **Wie definiert Siemens Wechselkursrisiken?**
Bei Siemens treten Wechselkursrisiken beim Abschluss von Geschäften mit internationalen Geschäftspartnern auf; daraus resultieren Zahlungsströme, die nicht in der funktionalen Währung der jeweiligen Siemens-Einheit erfolgen. Laut Siemens resultieren Fremdwährungsrisiken aus Bilanzpositionen und schwebenden Geschäften in Fremdwährung sowie aus allen antizipierten Mittelzu- und -abflüssen in Fremdwährung. Betrachtet wird dabei das Fremdwährungsrisiko der jeweiligen Siemens-Einheit und ihrer funktionalen Währung gegenüber allen Fremdwährungen.

- **Auf welcher Unternehmensebene wird das Währungsrisikomanagement gesteuert?**
Das Management von Finanzmarktrisiken, also auch von Währungsrisiken, liegt in der zentralen Verantwortung des Vorstandes.

■ **Welche Sicherungsstrategien wendet Siemens an?**
Durch Natural Hedges kann Siemens bereits einen Teil der Währungsrisiken ausschalten: dies erfolgt durch die Abrechnung der Transaktionen in der jeweiligen funktionalen Währung sowie durch die Beschaffung von Gütern, Rohstoffen und Dienstleistungen in der funktionalen Währung und durch die Produktion in den lokalen Märkten. Zudem werden konzerninterne Finanzierungen oder Investitionen bevorzugt in der jeweiligen funktionalen Währung oder auf währungsbesicherter Basis durchgeführt.

Für alle weiteren Währungsrisiken setzt Siemens derivative Finanzinstrumente ein. Hierbei nutzt Siemens in erster Linie Devisentermingeschäfte, um die Risiken aus Schwankungen bei zukünftigen Zahlungsströmen wie aus schwebenden Geschäften zu reduzieren. Sicherungsgeschäfte im Rahmen des Hedge Accounting (nach IAS 39) werden spiegelbildlich zum Grundgeschäft abgeschlossen. Für alle anderen Sicherungsgeschäfte verfolgt Siemens einen konzernweiten Portfolioansatz; dabei werden die konzernweiten Risiken zentral gebündelt und die Nettopositionen durch derivative Finanzinstrumente abgesichert. Diese Nettowährungspositionen werden zu mindestens 75% und zu maximal 100% abgesichert.

Die Höhe der abzusichernden Fremdwährungsrisiken wird bestimmt, indem für jede Nettowährungsposition eine 10%ige Abwertung gegenüber dem Euro simuliert wird.

■ **Welche Währungsderivate werden wie eingesetzt?**
Siemens setzt zur Währungsrisikominimierung in erster Linie Forward-Kontrakte, also Devisentermingeschäfte, ein. In geringerem Maße werden außerdem Währungsoptionen, Stopp Loss-Orders und Zins-Währungs-Swaps eingesetzt. Diese Währungssicherungsinstrumente werden im Rahmen von Cash Flow-Hedges, Fair Value-Hedges sowie zur Absicherung der Nettowährungspositionen eingesetzt.

■ **Darstellung der eingesetzten Währungsderivate in Zahlen**
Die folgende Tabelle zeigt die Fremdwährungsrisiken, die im Geschäftsjahr 2006/2007 im Siemens-Konzern entstanden sind. Dabei unterscheidet Siemens zwischen den Fremdwährungsrisiken bei Bilanzpositionen und Fremdwährungsrisiken, die im Zusammenhang mit schwebenden Geschäften entstanden sind. Im unteren Teil der Tabelle wird dargestellt, in welcher Höhe Siemens diese Nettofremdwährungsrisiken durch Währungsderivate abgesichert hat.

Siemens transaktionsbezogenes Nettofremdwährungsrisiko (per 30.09.2007)	in Mio. €
1 Fremdwährungsrisiko aus Bilanzpositionen (netto)	752
davon: Finanzielle Vermögenswerte	16.269
davon: Finanzielle Verbindlichkeiten	(15.517)
2 Schwebende Geschäfte und antizipierte Transaktionen	5.315
Transaktionsbezogene Fremdwährungsposition (1 + 2)	**6.067**

Siemens Absicherungsvolumen Nettofremdwährungsrisiko (per 30.09.2007)	in Mio. €
1 Nettofremdwährungsrisikoposition	6.067
2 Wirtschaftliche Absicherung durch Derivate	(5.592)
Fremdwährungsrisiko nach Absicherung (1 - 2)	**475**

Die eingesetzten Finanzderivate werden in der Konzernbilanz unter „Sonstige kurzfristige finanzielle Vermögenswerte" und „Sonstige kurzfristige finanzielle Verbindlichkeiten" ausgewiesen. Zum 30.09.2007 wiesen alle zur Begrenzung von Währungs- und Zinsrisiken eingesetzten Finanzderivate in der Summe die folgenden Marktwerte auf:

Siemens Marktwerte der derivativen Finanzinstrumente (per 30.09.2007)	in Mio. €
Devisentermingeschäfte	1.022
Zins- und Zins-Währungs-Swaps	414
Optionen	19
Eingebettete Derivate	361
Sonstige	44
Summe Marktwerte Finanzderivate	**1.860**

Die Veränderungen bei den Marktwerten der Finanzderivate bucht Siemens erfolgswirksam unter der Position „Umsatzkosten".

2.2.2 E.ON AG

■ **Wie definiert E.ON Wechselkursrisiken?**
Währungsrisiken im E.ON Konzern entstehen durch die internationale Natur seiner Geschäftsaktivitäten; dabei resultieren diese Risiken aus in fremder Währung denominierten Umsätzen, Vermögenswerten, Forderungen, Verbindlichkeiten, antizipierten Zahlungen sowie aus Investitionen in ausländische Gesellschaften.

■ **Auf welcher Unternehmensebene wird das Währungsrisikomanagement gesteuert?**

Die Obergesellschaft des E.ON Konzerns, die E.ON AG, ist für die Steuerung der Devisenrisiken für den gesamten Konzern verantwortlich, während die Tochtergesellschaften die Steuerung ihrer operativen Devisenrisiken übernehmen. Die E.ON AG legt geeignete Risikoparameter fest und stimmt sich mit den Tochtergesellschaften hinsichtlich der Absicherung noch nicht gebuchter Geschäfte ab. Währungsrisiken aus Nettoinvestitionen im Ausland werden ebenfalls auf Konzernebene abgesichert.

■ **Welche Sicherungsstrategien wendet E.ON an?**

E.ON setzt Derivate bei Zugrundeliegen von bilanzierten Vermögenswerten oder Verbindlichkeiten, von vertraglichen Ansprüchen oder Verpflichtungen und von geplanten Transaktionen ein. Hedge Accounting gemäß IAS 39 kommt bei Währungsderivaten zur Sicherung von Auslandsbeteiligungen („Hedge of a Net Investment in a Foreign Operation") und von langfristigen Fremdwährungsforderungen und -verbindlichkeiten zur Anwendung.

Gebuchte Grundgeschäfte werden grundsätzlich in voller Höhe abgesichert. Des Weiteren tragen Fremdwährungsfinanzierungen zur Steuerung der Fremdwährungsrisiken bei. Das Währungsrisiko aus Nettoinvestitionen im Nicht-Euro-Ausland wird durch Net Investment Hedges begrenzt.

■ **Welche Währungsderivate werden wie eingesetzt?**

Zur Absicherung von Währungsrisiken werden Devisentermingeschäfte und Devisenswaps eingesetzt.

Im Rahmen von Fair Value-Hedging, also der Absicherung von Bilanzpositionen, insbesondere beim Tausch von Festzinsen gegen variable Zinsen bei Finanzforderungen/-verbindlichkeiten in Fremdwährung, werden Zins-Währungs-Swaps eingesetzt. Zahlungsströme aus verzinslichen Finanzforderungen/-verbindlichkeiten in Fremdwährung werden durch CF Hedges in der jeweiligen funktionalen Währung abgesichert. Die Begrenzung des Währungsrisikos erfolgt ebenfalls anhand von Zins-Währungsswaps.

Bei Net Investment Hedges kommen Devisentermingeschäfte, Devisenswaps und Währungsswaps zum Einsatz; zudem trägt die Aufnahme originärer Fremdwährungsdarlehen zur Sicherung der Netto-Aktiva ausländischer Beteiligungen bei.

■ **Darstellung der eingesetzten Währungsderivate in Zahlen**

Der E.ON Konzern erzielte 2007 sowohl realisierte Erträge als auch realisierte Aufwendungen aus Währungsderivaten. Des Weiteren fließen ertragswirksame Währungseffekte aus Wechselkursdifferenzen mit in die sonstigen betrieblichen Erträge und Aufwendungen ein. Die zusammengefassten Erträge und Aufwendungen stellten sich im Geschäftsjahr 2007 wie folgt dar:

E.ON Ergebnis aus Währungsderivaten und ertragswirksamen Währungseffekten (per 31.12.2007)	in Mio. €
1 Erträge aus Währungsderivaten und Wechselkursdifferenzen	3.284
2 Aufwendungen aus Währungsderivaten und Wechselkursdifferenzen	(3.218)
3 IAS 39: Erträge aus Fair Value-Bewertung und realisierte Erträge aus Derivaten	1.767
4 IAS 39: Aufwand aus Fair Value-Bewertung und realisierter Aufwand aus Derivaten	(1.331)
Nettoergebnis aus Währungsderivaten und Währungseffekten (1 bis 4)	**502**

Die Nominalvolumina sowie die Marktwerte der einzelnen Währungsderivategruppen sind in nachstehender Tabelle zusammengefasst:

E.ON Gesamtvolumina und Marktwerte Währungsderivate (per 31.12.2007)	Nominalbetrag (in Mio. €)	Marktwert (in Mio. €)
Devisentermingeschäfte – Kauf	8.467	(24)
Devisentermingeschäfte – Verkauf	9.738	67
Währungsswaps	19.847	687
Zins-Währungs-Swaps	302	(50)
Gesamtvolumina und Netto-Marktwerte Währungsderivate	**38.354**	**680**

2.2.3 Linde AG

▓ **Wie definiert Linde Wechselkursrisiken?**

Linde unterteilt die auftretenden Wechselkursrisiken in operative Transaktionsrisiken und Translationsrisiken. Dabei resultieren operative Transaktionsrisiken aus Lieferverträgen zwischen unterschiedlichen Währungsgebieten, während die Translationsrisiken auf die Währungsumrechnung für die einzelnen Tochtergesellschaften zurückzuführen sind.

▓ **Auf welcher Unternehmensebene wird das Währungsrisikomanagement gesteuert?**

Die Grundsätze des Risikomanagements sind in konzernweiten Richtlinien festgeschrieben; das Risikomanagementsystem stellt einen wichtigen Bestandteil der Konzernsteuerung dar. Die Strategien für das Währungsrisikomanagement werden vom Treasury-Komitee unter Leitung des Finanzvorstandes festgelegt; im Rahmen dieser Strategien werden dann Sicherungsentscheidungen getroffen.

■ **Welche Sicherungsstrategien wendet Linde an?**

Die Einzelrisiken werden erst nach Währung und anschließend auf Konzernebene zusammengefasst. Die daraus resultierenden Nettopositionen, d.h. der Saldo aus Fremdwährungsverbindlichkeiten und Fremdwährungsforderungen aus operativen und finanziellen Transaktionen, werden durch vorgegebene Sicherheitsquoten begrenzt.

Durch Sicherungsaktivitäten wurde das Bruttowechselkursrisiko im Geschäftsjahr 2007 um 84% reduziert.

■ **Welche Währungsderivate werden wie eingesetzt?**

Zur Reduzierung von Fremdwährungsrisiken werden Devisentermingeschäfte, Währungsswaps und einfache Devisenoptionen eingesetzt. Dabei werden Devisentermingeschäfte zum Cash Flow Hedging nach IAS 39 eingesetzt.

Natural Hedges erfolgen in Form von Zulieferungen und Serviceleistungen in der jeweiligen Auftragswährung. Des Weiteren nimmt Linde Kredite in Fremdwährung auf.

■ **Darstellung der eingesetzten Währungsderivate in Zahlen**

Die Marktwerte der von Linde eingesetzten Devisentermingeschäfte sowie im Vergleich dazu die in Fremdwährung aufgenommenen Kredite, die eine Art Natural Hedging darstellen, werden in folgender Tabelle gezeigt. Hier wird deutlich, dass die Währungsabsicherung bei Linde überwiegend durch Natural Hedging erfolgt.

Linde Marktwerte Finanzinstrumente zur Währungsabsicherung aus Hedge Accounting (per 31.12.2007)	in Mio. €
Cash Flow Hedging – Devisentermingeschäfte	28
Net Investment Hedging – Devisentermingeschäfte	15
Kredite in fremder Währung	1.440

2.2.4 SAP AG

■ **Wie definiert SAP Wechselkursrisiken?**

Im SAP Konzern sind aufgrund der weltweiten Geschäftsaktivitäten Forderungen und Verbindlichkeiten und andere Bilanzpositionen, die auf Fremdwährung lauten, sowie künftige auf Fremdwährung lautende Cash Flows, die sowohl aus konzerninternen als auch externen Geschäftsvorfällen resultieren, von Wechselkursrisiken betroffen.

■ **Auf welcher Unternehmensebene wird das Währungsrisikomanagement gesteuert?**
SAP verfügt über ein zentrales Finanzmanagement für die Absicherung globaler Währungsrisiken. Vorschriften für den Einsatz von Währungsderivaten sowie damit zusammenhängende Regeln und Prozesse sind in einer Treasury-Richtlinie definiert, die für alle Konzerngesellschaften Gültigkeit hat.

■ **Welche Sicherungsstrategien wendet SAP an?**
Offene Währungsrisiken aus Bilanzpositionen und zukünftigen Cash Flows, die nicht abgesichert wurden, werden wöchentlich ermittelt und durch Währungsderivate abgesichert, sofern dies notwendig erscheint. Alle Währungssicherungsgeschäfte beziehen sich dabei auf entsprechende Grundgeschäfte. Die Wechselkursrisiken werden mit der Value-at-Risk-Methode ermittelt; dabei wird festgestellt, wie hoch der mögliche Ergebnisverlust aus Fremdwährungseinflüssen ist, der mit einer 99%igen Wahrscheinlichkeit innerhalb von 10 Tagen nicht überschritten wird.

■ **Welche Währungsderivate werden wie eingesetzt?**
SAP nutzt in erster Linie Devisentermingeschäfte zur Absicherung von Fremdwährungsrisiken. Diese werden hauptsächlich zur Reduzierung von Währungsrisiken aus zukünftigen Zahlungseingängen im Rahmen von Fremdwährungstransaktionen mit Tochtergesellschaften eingesetzt. Die Absicherung von monatlichen Zahlungen der Tochtergesellschaften in lokaler Währung an das Mutterunternehmen SAP AG erfolgt entsprechend anhand von Devisentermingeschäften mit einer Laufzeit von bis zu 15 Monaten. Die Währungsderivate werden üblicherweise nicht als Teil der Sicherungsbeziehung, sondern separat bilanziert.

■ **Darstellung der eingesetzten Währungsderivate in Zahlen**
SAP setzt zur Währungsabsicherung Devisentermingeschäfte im Rahmen von Hedge Accounting sowie ohne direkte Sicherungsbeziehung ein. Die Marktwerte sind in folgender Tabelle zusammengefasst:

SAP Marktwerte der eingesetzten Währungsderivate (per 31.12.2007)	in Mio. €
1 Vermögenswerte – Devisentermingeschäfte ohne Sicherungscharakter	59
2 Vermögenswerte – Devisentermingeschäfte mit Sicherungscharakter (Hedge Accounting)	29
Summe Vermögenswerte Währungsderivate (1 + 2)	**88**
3 Verbindlichkeiten – Devisentermingeschäfte ohne Sicherungscharakter	(30)
4 Verbindlichkeiten – Devisentermingeschäfte mit Sicherungscharakter (Hedge Accounting)	(1)
Summe Verbindlichkeiten Währungsderivate (3 + 4)	**(31)**

Marktveränderungen bei Währungsderivaten werden in Höhe des Hedge-effektiven Anteils im Eigenkapital ausgewiesen:

SAP Erfassung der Aufwendungen / Erträge von Währungsderivaten im Rahmen von Hedging im Eigenkapital (per 31.12.2007)	in Mio. €
Unrealisierte Gewinne aus Fremdwährungs-CF Hedges („Comprehensive Income")	55
Ergebniswirksame Umbuchung unrealisierter Gewinne aus FW-CF-Hedges	(43)
Unrealisierte Gewinne aus Fremdwährungs-CF Hedges, netto	12

Die erfolgswirksame Erfassung der Hedge-effektiven Gewinne bzw. Verluste wird zeitgleich mit der Ergebniswirksamkeit der besicherten Grundgeschäfte vorgenommen. Die Hedge-ineffekiven Gewinne bzw. Verluste aus Marktwertveränderungen bei Derivaten werden sofort erfolgswirksam erfasst.

Die Erträge und Aufwendungen aus Wechselkursdifferenzen stellten sich im Geschäftsjahr 2007 wie folgt dar:

SAP Ergebnis aus Wechselkursdifferenzen (per 31.12.2007)	in Mio. €
Aufwand aus Wechselkursdifferenzen	(379)
Ertrag aus Wechselkursdifferenzen	385
Ergebnis aus Wechselkursdifferenzen, netto	6

2.2.5 Volkswagen AG

■ **Wie definiert VW Wechselkursrisiken?**
Währungsrisiken bei Volkswagen resultieren aus erwarteten Zahlungsströmen im Rahmen der operativen Geschäftstätigkeit und aus konzerninternen Finanzierungen, die nicht in der funktionalen Währung der jeweiligen Tochtergesellschaft erfolgen.

■ **Auf welcher Unternehmensebene wird das Währungsrisikomanagement gesteuert?**
Teil der Unternehmenspolitik ist es, Währungsrisiken durch den Abschluss von Sicherungsgeschäften zu begrenzen bzw. auszuschließen. Das Risikomanagement und Risikocontrolling liegt in der Verantwortung des Konzern-Treasury. Der Vorstandsausschuss für Liquidität und Devisen ist zuständig für die Genehmigung von Risikolimits, zulässigen Finanzinstrumenten, Sicherungsverfahren und Absicherungshorizonten.

■ Welche Sicherungsstrategien wendet VW an?

In erster Linie reduziert Volkswagen seine Wechselkursrisiken durch „Natural Hedging", beispielsweise durch die flexible Anpassung der Auslastung bei den weltweiten Produktionskapazitäten. Die danach noch verbleibenden Wechselkursrisiken, die durch zukünftige Zahlungsströme und konzerninterne Fremdwährungsfinanzierungen entstehen, werden durch Financial Hedging abgesichert.

■ Welche Währungsderivate werden wie eingesetzt?

Im Rahmen des Financial Hedging setzt Volkswagen Devisentermingeschäfte, Devisenoptionen, Währungsswaps und kombinierte Zins-Währungs-Swaps mit einer Laufzeit von bis zu 5 Jahren ein.

Die Bewertung des Währungsrisikos wird anhand eines Value-at-Risk Modells vorgenommen; auf Grundlage einer historischen Simulation auf Basis der letzten 250 Handelstage werden potentielle Veränderungen ermittelt, und zwar unter der Annahme einer Haltedauer von 10 Tagen und einem Konfidenzniveau von 99%.

■ Darstellung der eingesetzten Währungsderivate in Zahlen

Neben dem Ergebnis aus Währungsderivaten verzeichnet Volkswagen Erträge und Aufwendungen aus Wechselkursschwankungen; diese resultieren hauptsächlich aus Kursveränderungen zwischen dem Entstehungszeitpunkt und dem Zahlungszeitpunkt bei Forderungen bzw. Verbindlichkeiten in Fremdwährung sowie stichtagsbezogenen Bewertungsgewinnen oder -verlusten. Im abgelaufenen Geschäftsjahr stellte sich das Ergebnis aus Währungsderivaten und Wechselkursschwankungen wie folgt dar:

Volkswagen Ergebnis aus Währungsderivaten und Währungsschwankungen (per 31.12.2007)	in Mio. €
Erträge aus derivativen Währungssicherungsinstrumenten	1.390
Aufwendungen aus derivativen Währungssicherungsinstrumenten	(780)
Erträge aus Wechselkursveränderungen	1.093
Aufwendungen aus Wechselkursveränderungen	(1.410)

Die Nominalvolumina der vom Volkswagenkonzern eingesetzten Währungsderivate beliefen sich im Geschäftsjahr 2007 auf folgende Beträge:

Volkswagen Nominalvolumina der eingesetzten Währungsderivate (per 31.12.2007)	in Mio. €
1 **Währungsderivate für Cash Flow Hedges**	**26.204**
Devisentermingeschäfte	20.920
Devisenoptionen	4.723
Währungsswaps	561
2 **Übrige Währungsderivate**	**7.896**
Devisentermingeschäfte	3.168
Währungsswaps	2.039
Zins-Währungs-Swaps	2.689

Die Marktwerte der Währungsderivate sind in der nachfolgenden Tabelle dargestellt:

Volkswagen Marktwerte der eingesetzten Währungsderivate (per 31.12.2007)	in Mio. €
Währungsderivate im Rahmen von FV-Hedges von Vermögenswerten	52
Währungsderivate im Rahmen von FV-Hedges von Verbindlichkeiten	39
Währungsderivate im Rahmen von CF-Hedges	1.914

2.2.6 Deutsche Telekom AG

■ **Wie definiert die Deutsche Telekom Wechselkursrisiken?**
Wechselkursrisiken resultieren aus Investitionen, d.h. aus dem Erwerb und der Veräu-
ßerung von Beteiligungen an ausländischen Unternehmen, aus Finanzierungsmaßnah-
men, d.h. finanziellen Verbindlichkeiten in Fremdwährung und Darlehen in Fremdwährung, sowie aus operativen Tätigkeiten.

■ **Auf welcher Unternehmensebene wird das Währungsrisikomanagement
gesteuert?**
Die Deutsche Telekom legt großen Wert auf das Risikomanagement von Finanztransaktionen; hier gilt der Grundsatz der Risikominimierung, insbesondere beim Einsatz
von Finanzderivaten. Daher werden alle Finanztransaktionen und Risikopositionen des
Konzerns in einem zentralen Treasury-System geführt.

■ **Welche Sicherungsstrategien wendet die Deutsche Telekom an?**
Grundsätzlich werden nur diejenigen Risiken besichert, die Auswirkungen auf die Cash
Flows des Unternehmens haben. Umrechnungsrisiken, die bei der Umrechnung von
Einzelabschlüssen der Tochtergesellschaften in den konsolidierten Konzernabschluss
entstehen, werden grundsätzlich nicht besichert.

Besichert werden Fremdwährungsrisiken im Investitionsbereich, und es erfolgt eine vollständige Besicherung von Fremdwährungsrisiken im Finanzierungsbereich. Im operativen Bereich finden die Aktivitäten der Tochtergesellschaften hauptsächlich in der jeweiligen funktionalen Währung statt, so dass hieraus nur ein geringes Risiko resultiert.

■ Welche Währungsderivate werden wie eingesetzt?
Zins-Währungs-Swaps und Devisenderivate werden zur Besicherung von Fremdwährungsrisiken im Finanzierungsbereich verwendet.

Die Risiken aus Zahlungen außerhalb der funktionalen Währung im operativen Geschäft werden durch Devisenderivate und Devisenoptionen bis maximal 1 Jahr abgesichert.

Bei Fair Value Hedges zur Absicherung von Währungsrisiken gleichen sich die wechselkursbedingten Wertänderungen beim Grund- und Sicherungsgeschäft nahezu aus. Auch Zins-Währungs-Swaps liegt immer ein Grundgeschäft zugrunde, so dass lediglich aus Devisenderivaten ein Währungsrisiko entsteht. Solche Derivate dienen der Sicherung von Planpositionen. Kursänderungen bei denjenigen Währungen, die diesen Finanzinstrumenten zugrunde liegen, wirken sich auf das sonstige Finanzergebnis des Konzerns aus.

■ Darstellung der eingesetzten Währungsderivate in Zahlen
In der Bilanz 2007 weist die Deutsche Telekom Währungsderivate sowohl auf der Aktiv- als auch auf der Passivseite in folgender Höhe aus:

Deutsche Telekom Buchwerte der eingesetzten Währungsderivate (per 31.12.2007)	in Mio. €
1 Vermögenswerte – Devisentermingeschäfte / Devisenswaps ohne Hedge Beziehung	68
2 Vermögenswerte – Devisentermingeschäfte / Devisenswaps (Cash Flow-Hedges)	0
3 Vermögenswerte – Zins-Währungsswaps ohne Hedge-Beziehung	128
Summe Vermögenswerte Währungsderivate (1 bis 3)	**196**
4 Verbindlichkeiten – Devisentermingeschäfte / Devisenswaps ohne Hedge Beziehung	51
5 Verbindlichkeiten – Devisentermingeschäfte / Devisenswaps (Cash Flow-Hedges)	90
6 Verbindlichkeiten – Zins-Währungsswaps ohne Hedge Beziehung	704
Summe Verbindlichkeiten Währungsderivate (4 bis 6)	**845**

Aus der Veränderung der Zeitwerte der Devisenderivate resultierten in 2007 Verluste in Höhe von 140 Mio. €.

2.2.7 Deutsche Lufthansa AG

■ Wie definiert die Lufthansa Wechselkursrisiken?
Im Lufthansa-Konzern resultieren Fremdwährungsrisiken im operativen Geschäft aus internationalen Ticketverkäufen, dem Treibstoffeinkauf, der Beschaffung von Flugzeugen und von Ersatzteilen sowie aus anderen nicht näher definierten Vorgängen.

■ Auf welcher Unternehmensebene wird das Währungsrisikomanagement gesteuert?
Die Grundlage für den Einsatz von derivativen Finanzinstrumenten bildet die vom Vorstand definierte und von einem Ausschuss überwachte Sicherungspolitik. Die Tochtergesellschaften der Lufthansa melden der Konzernobergesellschaft ihre Währungsexposures, und auf Konzernebene wird dann für jede Währung eine Nettoposition gebildet; auf diese Weise wird das Natural Hedging genutzt. 16 der 56 Fremdwährungspositionen werden aktiv gesteuert.

■ Welche Sicherungsstrategien wendet die Lufthansa an?
Der Einsatz von Sicherungsgeschäften findet ausschließlich für Zins-, Währungs- und Treibstoffpreisrisiken statt. Dabei dienen die Sicherungsgeschäfte entweder der Absicherung beizulegender Zeitwerte („Fair Value-Hedges") oder der Absicherung künftiger Cash Flows („Cash Flow-Hedges").

■ Welche Währungsderivate werden wie eingesetzt?
Der Lufthansa-Konzern setzt Devisentermingeschäfte und Devisenoptionen, u.a. Bandbreitenoptionen, als Sicherungsinstrumente ein, ebenso wie Zins-Währungs-Swaps.
    Währungsrisiken aus dem geplanten operativen Exposure werden mit Termingeschäften abgesichert; der durchschnittliche Sicherungsgrad liegt hier bei 50%.
    Währungsrisiken aus Flugzeuginvestitionen in USD werden bei Vertragsabschluss zu 50% abgesichert; die Absicherung wird dann schrittweise auf einen Endsicherungsgrad von 90% erhöht. Sicherungsinstrumente hierfür sind Devisentermingeschäfte und Bandbreitenoptionen. Fremdwährungsrisiken aus Finanzverbindlichkeiten werden grundsätzlich zu 100% mit Zins-Währungs-Swaps abgesichert.

■ Darstellung der eingesetzten Währungsderivate in Zahlen
Die Marktwerte der Währungsderivate beliefen sich auf folgende Beträge:

Lufthansa Marktwerte Währungsderivate (per 31.12.2007)	in Mio. €
Devisentermingeschäfte im Rahmen von FV-Hedges	(2)
Devisentermingeschäfte im Rahmen von CF-Hedges	(235)
Devisenoptionen (Bandbreitenoptionen) im Rahmen von CF-Hedges	(178)

Die Marktwertentwicklung derjenigen Derivate, die nicht IAS 39-konform wirksame Sicherungsgeschäfte darstellen, wird in der GuV unter dem sonstigen Finanzergebnis erfasst:

Lufthansa Gewinne / Verluste aus (nicht IAS 39-konform) eingesetzten Derivaten (per 31.12.2007)	in Mio. €
Verluste aus Marktveränderungen von Derivaten im Rahmen von FV-Hedges	(12)
Verluste aus der Bewertung von Derivaten im Rahmen von Handelsgeschäften	(43)

Die Sicherungsgrade der Währungsrisiken im operativen Geschäft für die folgenden 24 Monate in den wichtigsten Währungen sowie für Flugzeuginvestitionen in USD in den folgenden drei Jahren sind in den folgenden Tabellen dargestellt:

Lufthansa Währungsabsicherungsgrad im operativen Geschäft in den Hauptrisikowährungen (per 31.12.2007)	in Mio. USD	in Mio. YEN	in Mio. GBP
Währungsexposure	(6.144)	121.125	590
Währungsabsicherung	1.596	(54.748)	(294)
Sicherungsgrad	26%	45%	50%

Lufthansa Währungsabsicherungsgrad aus Flugzeuginvestitionen (in Mio. USD)	2008	2009	2010
Exposure Nettoinvestitionen	(1.502)	(2.124)	(2.247)
Währungsabsicherung	1.328	1.624	1.510
Sicherungsgrad	88%	76%	67%

2.2.8 BASF AG

■ **Wie definiert BASF Wechselkursrisiken?**
Durch Wechselkursänderungen kann es zu Wertverlusten bei Finanzinstrumenten und zu negativen Auswirkungen auf zukünftige Zahlungsströme aus geplanten Transaktionen kommen. Währungsrisiken bei Finanzinstrumenten werden verursacht durch die stichtagsbezogene Umrechnung von Finanzforderungen, Finanzverbindlichkeiten, Ausleihungen, Wertpapieren und Barmitteln in die funktionale Währung der jeweiligen Tochtergesellschaft des BASF-Konzerns.

■ **Auf welcher Unternehmensebene wird das Währungsrisikomanagement gesteuert?**

Risikomanagement hat bei BASF Vorrang vor Rentabilität. Im Rahmen des Finanz-managements, welches zentral organisiert ist und durch regionale Kompetenzzentren unterstützt wird, werden Währungsrisiken systematisch analysiert und durch den Einsatz von modernen Prozessen und Finanzinstrumenten reduziert. Die Standards des Risikomanagements, u.a. der Einsatz derivativer Instrumente gegen Währungsrisiken, werden durch den Zentralbereich „Strategic Planning and Controlling" umgesetzt. Des Weiteren werden hier die konzernweite Erfassung aller wesentlichen Risiken und deren einheitliche Bewertung koordiniert.

■ **Welche Sicherungsstrategien wendet BASF an?**

Im BASF-Konzern setzt sich das gesamte Währungsrisiko zusammen aus dem Netto-betrag des Nominalvolumens aller originären und derivativen Finanzinstrumente, die Währungsrisiken ausgesetzt sind. Zudem werden geplante Transaktionen mit berück-sichtigt, wenn sie im Währungsrisikomanagement berücksichtigt werden. Der Netto-betrag ergibt sich daraus, dass gegenläufige Positionen in derselben Währung mitein-ander verrechnet werden. Die Simulation der Sensitivität erfolgt unter der Annahme einer 10%igen Abwertung aller Währungen gegenüber der jeweiligen funktionalen Währung und deren Auswirkung auf das Vorsteuerergebnis des BASF-Konzerns. Es werden nur bestehende Grundgeschäfte aus dem Produktgeschäft, aus Geldanlagen und aus Finanzierungen sowie erwartete Umsätze und Rohstoffbezüge abgesichert.

■ **Welche Währungsderivate werden wie eingesetzt?**

BASF setzt sowohl Devisentermingeschäfte und kombinierte Zins-Währungs-Swaps als auch Devisenoptionen zur Währungssicherung ein.

■ **Darstellung der eingesetzten Währungsderivate in Zahlen**

Im Geschäftsjahr 2007 haben Währungseinflüsse den Konzernumsatz um 3,8% bzw. um 1.989 Mio. € verringert. Die zum 31.12.2007 im BASF-Konzern bestehenden Wäh-rungsrisiken sowie die Sensitivität stellen sich, umgerechnet in Mio. €, wie folgt dar:

BASF Währungsrisiken und Sensitivitäten (per 31.12.2007)	Exposure (in Mio. €)	Sensitivität (in Mio. €)
US-Dollar (USD)	(120)	(9)
Britisches Pfund (GBP)	39	(4)
Australischer Dollar (AUD)	31	4
Koreanischer Won (KRW)	68	(6)
Japanischer Yen (YEN)	48	(2)
Sonstige	101	(10)
Summe Währungsrisiken und Sensitivitäten	**167**	**(29)**

Die Marktwerte der von BASF eingesetzten Währungsderivate beliefen sich auf folgende Volumina:

BASF Marktwerte der eingesetzten Währungsderivate (per 31.12.2007)	in Mio. €
Devisentermingeschäfte	111
Währungsoptionen	62
Kombinierte Zins-Währungs-Swaps	(5)
Summe Währungsderivate	**168**

Die Gewinne und Verluste aus Fremdwährungsgeschäften werden unter den sonstigen betrieblichen Erträgen und Aufwendungen erfasst. Sie umfassen das Ergebnis aus Fremdwährungspositionen und Devisenderivaten sowie aus der Bewertung von Forderungen und Verbindlichkeiten in Fremdwährung.

BASF Gewinne und Verluste aus Fremdwährungsgeschäften (per 31.12.2007)	in Mio. €
Gewinne aus Fremdwährungsgeschäften	222
Verluste aus Fremdwährungsgeschäften	(140)
Ergebnis aus Fremdwährungsgeschäften	**82**

2.3 Fazit

Die Fallstudien haben gezeigt, dass die Absicherung von Fremdwährungsrisiken im operativen Geschäft für international tätige Konzerne wie diejenigen, die hier analysiert wurden, unabdingbar ist. Alle zuvor untersuchten DAX-Unternehmen wenden nahezu dieselben Sicherungsinstrumente und -strategien an, um die im Rahmen der operativen Geschäftätigkeit auftretenden Fremdwährungsrisiken zu minimieren. Hierbei ist außerdem deutlich geworden, dass diese Unternehmen das Fremdwährungshedging lediglich zur Absicherung konkreter Risikopositionen nutzen, und nicht zu spekulativen Zwecken. Betrachtet man die Volumina der abgeschlossenen Sicherungsgeschäfte, so zeigt sich, wie wichtig der Einsatz von Währungsderivaten für international agierende Unternehmen ist. Dies lässt sich verdeutlichen, indem man die Nominalvolumina der Währungsrisikopositionen mit der Bilanzsumme bzw. die Erträge/Aufwendungen aus Währungsderivaten mit dem Jahresüberschuss eines Unternehmens vergleicht. So setzte beispielsweise E.ON 2007 im Rahmen seiner operativen Tätigkeit Währungsderivate zur Sicherung von Währungsrisikopositionen mit einem Nominalvolumen von € 38,4 Mrd. ein, gemessen an einer Bilanzsumme von € 137 Mrd.; der Marktwert dieser Währungsderivate belief sich

auf netto € 680 Mio. Zudem erwirtschaftete E.ON durch den Einsatz von Währungsderivaten einen Nettoertrag von € 502 Mio., gemessen an einem Umsatz von € 68,7 Mrd. und
einem Jahresüberschuss von € 7,2 Mrd.

Aufgrund der weiterhin fortschreitenden Globalisierung ist zu erwarten, dass Fremdwährungsrisiken und ihre Absicherung ein zunehmend wichtiges Thema für Unternehmen
sein werden, die im Rahmen ihrer Wachstumsstrategie ins Ausland expandieren. Zwar
zeigten sich im Verlauf der derzeitigen Wirtschaftskrise bereits gegenläufige Entwicklungen in einigen Ländern in Richtung Protektionismus; gerade in solch schwierigen Zeiten versuchen die Regierungen betroffener Länder, die Binnennachfrage zu stärken und
Importe zu verringern.

Dies war u.a. in den USA der Fall, als der neue US-Präsident Barack Obama im Rahmen des geplanten US-Konjunkturpaketes Anfang 2009 eine „Buy American"-Klausel
vorgeschlagen hat, die u.a. vorsah, dass für Infrastrukturprojekte nur in Amerika produ-
ziertes Eisen und Stahl zum Einsatz kommen dürfen. Dies führte zu weltweiten Protesten,
u.a. auch aus Deutschland; selbst Russland und China warnten vor zu starken Eingriffen
des Staates in der aktuellen Krise und vor einer Rückkehr zum Protektionismus. Infolge
dessen wurde diese Klausel aus dem Konjunkturpaket gestrichen. Ein möglicher weltwei-
ter Domino-Effekt und der Aufbau von Handelsbarrieren würde insbesondere den Export-
Weltmeister Deutschland hart treffen; zudem würde eine Rückkehr vom freien Welthandel zum Protektionismus auf Kosten der jeweiligen Staaten gehen, da sich die Ausgaben
für Konjunkturprogramme erhöhen und gleichzeitig deren Wirkung abgeschwächt wird,
sobald auch andere Länder ihre Märkte abschotten. Der weltweite Abschwung würde
außerdem durch einen Zusammenbruch des Welthandels noch verstärkt werden.

Langfristig wird der Euro von vielen Experten als neue Leitwährung gesehen, der den
Dollar als wichtigste Währung ablöst. Neben den bislang bedeutendsten Währungen wie
dem Dollar, Euro, japanischen Yen und Britischen Pfund werden zunehmend auch andere
Währung an Bedeutung gewinnen, wie beispielsweise der russische Rubel oder der chi-
nesische Yuan.

3 Auswirkungen der Finanzkrise auf die Devisenmärkte

Die Finanzkrise hat sich nicht nur massiv auf den weltweiten Finanzsektor und die Konjunkturaussichten der betroffenen Länder ausgewirkt, sondern auch auf die Wechselkursentwicklung vieler Währungen. Während einige Währungen wie der japanische Yen im Jahr 2008 gegenüber dem Euro eine starke Aufwertung erfuhren, stürzten andere Währungen wie das britische Pfund enorm ab. Einer der Hauptgründe hierfür ist die Subprime-Krise, die sich, ausgehend vom amerikanischen Immobilienmarkt, zur Finanzkrise und schließlich zu einer Weltwirtschaftskrise weiterentwickelt hat. Diese Krise führte zu einer Korrektur der Trends der vergangenen Jahre; einige risikoreiche Strategien wie beispielsweise Carry Trades, d.h. die Fremdkapitalaufnahme in Niedrigzinsländern und gleichzeitige Anlage des Kapitals in boomenden Volkswirtschaften, wurden deutlich reduziert. Die Aktienkurse an den Börsen stürzten ab, und der Ölpreis fiel von seinem Allzeithoch von 147 USD innerhalb von fünf Monaten um über 100 US-Dollar auf 32 USD je Barrel. Um einer Rezession entgegenzuwirken, reagierten viele Zentralbanken mit Zinssenkungen; dies wiederum beeinflusste die Devisenmärkte signifikant. Während der Yen von Kapitalrückflüssen profitierte, werteten die Wechselkurse derjenigen Länder ab, die in der Vergangenheit von hohen Zinsen oder von steigenden Rohstoffpreisen profitiert hatten.

Viele Faktoren, die Wechselkurse beeinflussen, können in der aktuellen Finanzkrise wiedergefunden werden. Anhand einiger konkreter Beispiele soll verdeutlicht werden, wie sich die Finanzkrise auf die Wechselkursentwicklung bestimmter Währungen ausgewirkt hat.

3.1 Japanischer Yen versus Britisches Pfund: Rekordstärke versus Rekordschwäche in 2008

3.1.1 Der japanische Yen

Die lockere Geld- und Zinspolitik, die die USA im Zuge der Finanzkrise zu deren Bekämpfung einsetzen, macht sich nicht nur an den Börsen, sondern auch am Devisenmarkt bemerkbar. Der japanische Yen hat den Aufwertungstrend der zweiten Jahreshälfte 2008 fortgesetzt auf bis zu 87,15 Yen je Dollar im Dezember 2008. Damit erreicht der Yen nahezu ein Allzeithoch gegenüber dem Dollar. Das liegt daran, dass die derzeitigen Fundamentaldaten eher für den Yen und gegen den Dollar sprechen. Die rasante Aufwertung des Yen ist als direkte Folge der Finanzkrise zu sehen; Grund hierfür ist die Auflösung von Carry Trade-Positionen. Bei kurzfristigen Geldanlagen gibt es nach den massiven Zinssenkungen der US-Notenbank keinen Zinsunterschied mehr, und bei den langfristigen Zinssätzen ist die Differenz deutlich geschrumpft. Während die Rendite zehnjähriger amerikanischer Staatsanleihen im Dezember 2008 zeitweise nur noch bei 2,208% lag, betrug die Rendite japanischer Staatsanleihen mit vergleichbarer Laufzeit 1,281%. Dies bedeutet also eine Renditedifferenz von nur noch 100 Basispunkten; damit sind amerikanische Staatsanleihen für japanische Investoren unattraktiv geworden, da die Wechselkursrisiken angesichts der hohen Volatilität zu groß geworden sind. Deshalb tendieren die Anleger dazu, entsprechende Positionen abzubauen oder sie abzusichern. Aufgrund der geringen Zinsdifferenzen sind die Absicherungskosten über Terminkontrakte relativ gering; solche Strategien tragen jedoch zur Aufwertung des Yen bei. Demnach dürfte der Yen, nicht zuletzt auch wegen schwacher Wachstumsaussichten und enormen Finanzproblemen in den USA, gegen den Dollar weiter aufwerten können.

Es gibt außerdem Stimmen, die davon ausgehen, dass viele japanische Haushalte ihre Investitionen im Ausland auflösen, weil sie ihr Geld in ihrem Heimatland sicherer angelegt sehen.

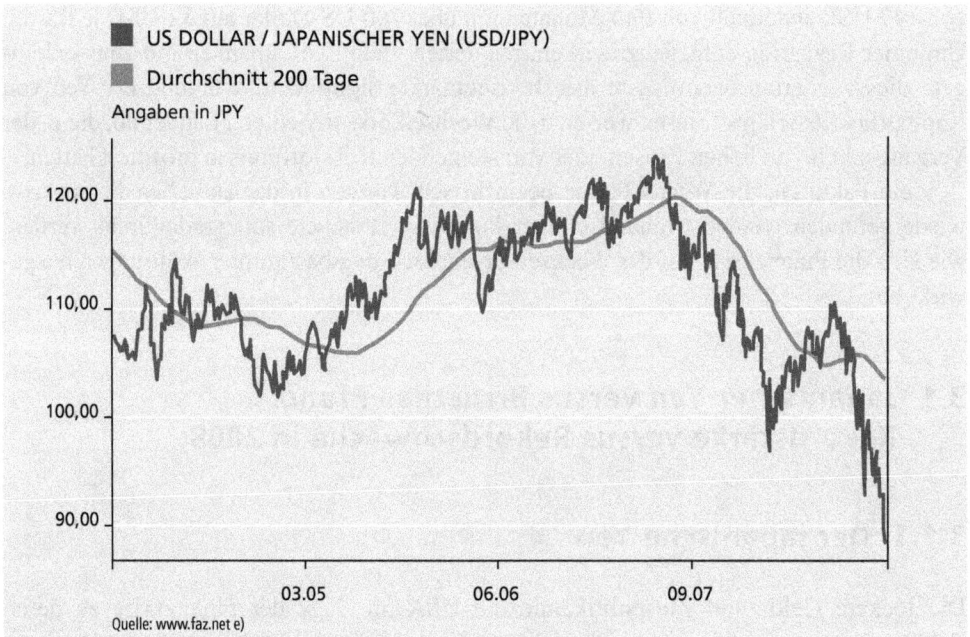

Abb. 3.1: US-Dollar/Japanischer Yen

3.1.2 Das Britische Pfund

Das Britische Pfund dagegen musste in 2008 extreme Abwertungen gegenüber dem Euro erfahren. Dies ist darauf zurückzuführen, dass Investoren erwarten, dass die Bank of England angesichts der drohenden Rezession einen ähnlich aggressiven Kurs in der Geldpolitik verfolgen wird wie die US-Notenbank. Schließlich wurde der Leitzins von 5,75% im Oktober 2007 auf nur noch 2% im Dezember 2008 gesenkt; Anfang Januar 2009 folgte dann eine weitere Zinssenkung um 50 Basispunkte auf nur noch 1,5%. Dies ist der tiefste Stand seit über 300 Jahren. Mit der Zinssenkung reagierte die Bank of England auf die schlechte Wirtschaftslage des Landes und auf die fallende Inflationsrate, infolge derer womöglich eine Deflation droht.

Die globale Finanzkrise hat die britische Wirtschaft in die erste Rezession seit 17 Jahren gestürzt. Im dritten Quartal 2008 ist sie um 0,5% geschrumpft. Die volkswirtschaftlichen Fundamentaldaten geben einen düsteren Ausblick: das Lohnwachstum nimmt tendenziell weiter ab und die Arbeitslosenquote steigt. Dies wird den Konsum der privaten Haushalte weiter bremsen. Zudem sind die Staatsverschuldung sowie der Verschuldungsgrad vieler britischer Unternehmen sehr hoch, und die Industrieproduktion ist rückläufig; im Oktober war sie um 5,2% geschrumpft. Die Staatsverschuldung beträgt aktuell 184% der jährlichen Wirtschaftsleistung von England.

Die wirtschaftliche Schwäche des Landes ist nicht zuletzt auch auf die bislang starken Positionen der Finanzbranche und des Immobiliensektors in der Wirtschaft zurückzuführen, deren Korrekturen sich nun entsprechend negativ niederschlagen. Der Boom in diesen Sektoren ist vorüber, und die Finanz- und Wirtschaftskrise macht sich gerade hier überdeutlich bemerkbar. Die Hauspreise am zuvor völlig überhitzten Immobilienmarkt sind massiv abgestürzt; alleine im Dezember ist der Hauspreisindex um 6,3% gefallen. Der Vertrauensschaden aus der Finanzkrise ist enorm; nach dem drohenden Kollaps des Finanzsystems und der darauf folgenden Teilverstaatlichung der britischen Banken fand eine regelrechte Kapitalflucht ausländischer Investoren aus dem Britischen Pfund statt.

Der Euro erreichte zum Jahresende 2008 mit einem Kurs von 0,974 gegenüber dem Britischen Pfund den höchsten Stand aller Zeiten.

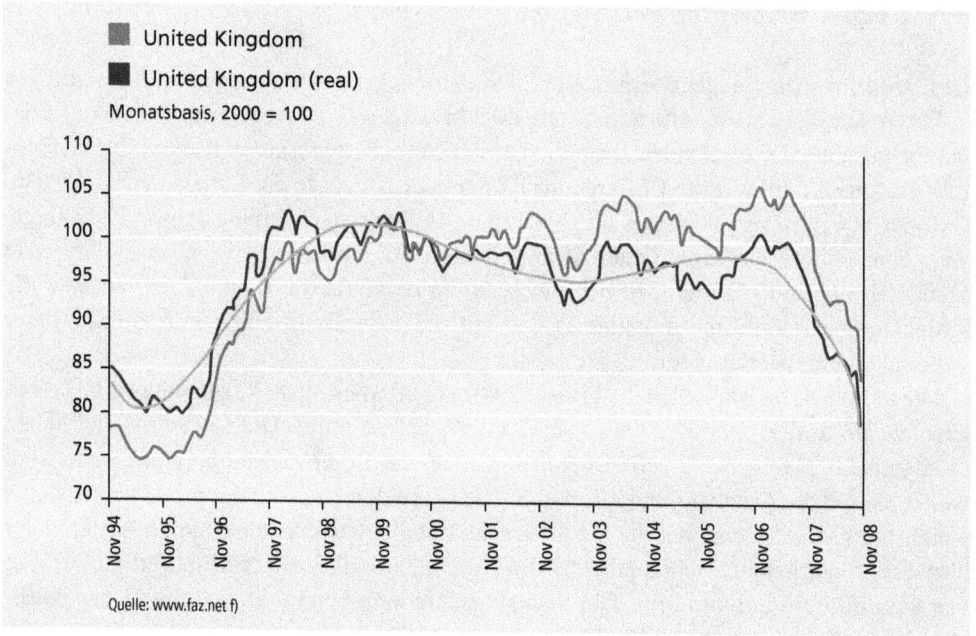

Abb. 3.2: Großbritanniens effektiver Wechselkurs

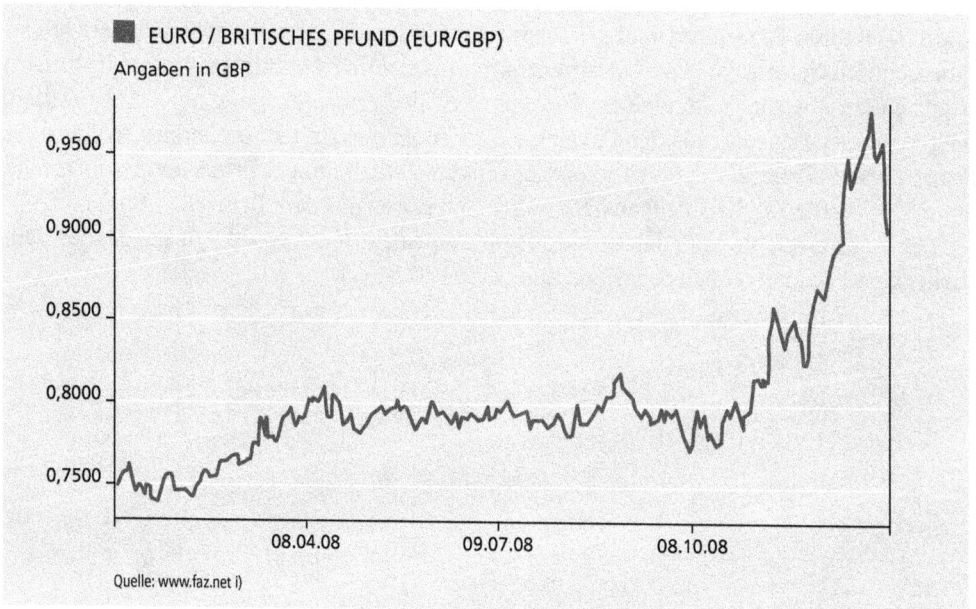

Abb. 3.3: Euro/Britisches Pfund

3.2 Island: Abwertung der Krone infolge der Finanz- und Staatskrise

Island ist in einem Ausmaß wie kaum ein anderes Land von der Finanzkrise betroffen. Das Land steht seit einigen Monaten finanziell kurz vor dem Kollaps. Die drei größten Banken des Landes – Kaupthing, Landsbanki Islands und Glitnir – mussten im Oktober 2008 verstaatlicht werden, nachdem sie infolge der Finanzkrise ins Wanken geraten waren; sie hatten in den vergangenen Jahren des Wirtschaftsbooms aggressiv im Ausland expandiert und ihre Zukäufe größtenteils über Schulden finanziert. Durch die Krise gerieten sie dann zunächst in die Verlustzone und anschließend in die Vertrauenskrise; nach der Bonitätsherabstufung von Island und den isländischen Banken war es nicht mehr möglich, im Ausland neue günstige Kredite zu bekommen. Der drohenden Pleite kam der isländische Staat dann zuvor, indem er die Banken verstaatlichte und ihre Verbindlichkeiten übernahm; alleine die Rettung der drittgrößten Bank Glitnir kostete den isländischen Staat 600 Mio. €. Die Gesamtschulden des Landes belaufen sich nun auf rd. 75 Mrd. USD; davon sind 59 Mrd. USD Bankschulden. Betrachtet man die Vermögenswerte der drei größten isländischen Banken, so übersteigen allein diese das BIP von Island um ein Zehnfaches.

Aufgrund der massiven Schulden stand der isländische Staat kurz vorm Bankrott und musste den Internationalen Währungsfonds um Hilfe bitten. Dieser hat Island einen Kredit in Höhe von 2,1 Mrd. USD zugesagt, der von 2012 bis 2015 zurückgezahlt werden soll. Auch andere Staaten wie Russland und die nordischen Länder unterstützten Island mit Krediten. Das gesamte Rettungspaket belief sich auf 10,2 Mrd. USD. Nach Schätzungen des IWF benötigt das Land bis Ende 2010 allerdings rund 20 Milliarden €. Die Ratingagenturen haben das Länderrating für Island (für lokale Währung und Fremdwährung) mittlerweile auf Baa1 (Moody's) und BBB+ bzw. BBB- (S&P) herabgestuft; dies macht die Geldbeschaffung für Island am Kapitalmarkt zusätzlich schwierig und vor allem teuer.

Oberste Priorität hat aus Sicht der Regierung die Stabilisierung der isländischen Krone; hierzu hat Island gemeinsam mit dem IWF ein Maßnahmenpaket beschlossen, das u.a. eine restriktive Geldpolitik vorsieht, um den Devisenmarkt wiederzubeleben und die Landeswährung zu stärken. Die Zentralbank hat den Leitzins auf 18% erhöht; die Inflation lag im November 2008 bei 15%. Für 2009 wird mit einer Schrumpfung der Wirtschaft um etwa 10% gerechnet. Durch die Abwertung der Krone sind zudem Importe extrem teuer geworden, und infolge der Kapitalflucht herrscht eine extreme Devisenknappheit.

Trotz des hohen Zinsniveaus ist die isländische Krone also aufgrund der hohen Inflation, der schrumpfenden Wirtschaft, des Kollapses des für die Volkswirtschaft enorm bedeutsamen Bankensektors und des Beinahe-Bankrotts des Landes für Investoren nicht attraktiv, da eine Investition in die Krone derzeit zu hohe Risiken birgt. Die Währung erfuhr im Laufe des Jahres 2008 eine enorme Abwertung um 75% gegenüber dem Dollar und dem Euro. Hier werden nicht zuletzt auch Hedge Fonds beschuldigt, auf den Kollaps der isländischen Krone spekuliert und damit zum Verfall der Währung beigetragen zu haben. Daraufhin hat die Regierung den Wechselkurs fixiert und Devisenhandelsbe-schränkungen eingeführt, die schrittweise wieder aufgehoben werden sollen. Der Kurs wurde zuletzt mit 290 isländische Kronen für 1 Euro angegeben, wie der Chart unten zeigt. Gemäß der Isländischen Zentralbank lag der Kurs für 1 Euro zum 09.01.2009 bei 170 isländischen Kronen.

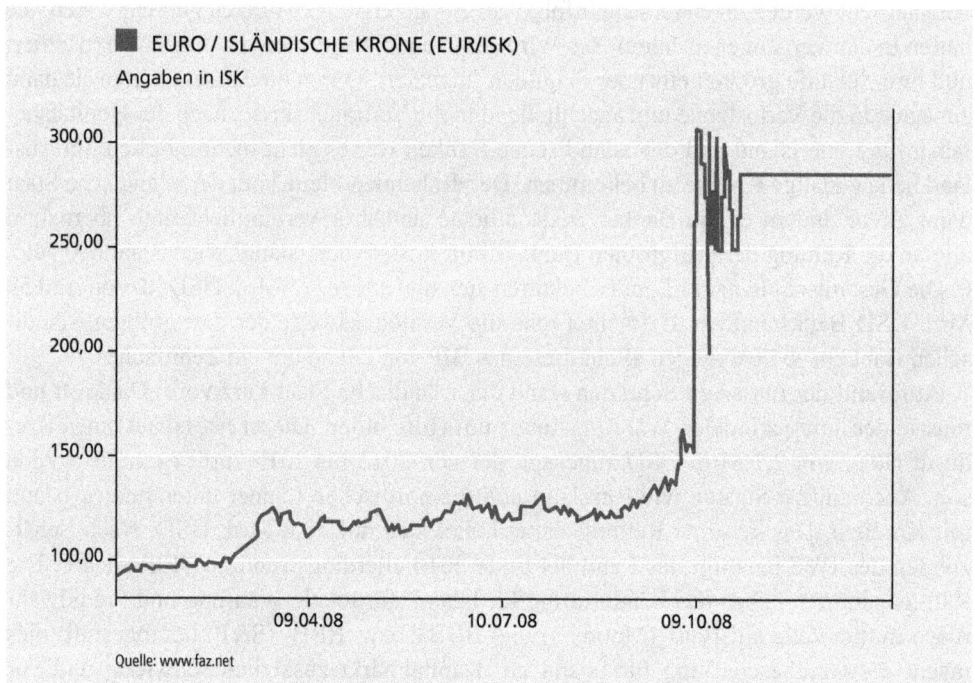

Abb. 3.4: Euro/Isländische Krone

3.3 Ungarn: Starke Abwertung des Forint infolge der Finanzkrise

Die Finanzkrise macht sich auch in den osteuropäischen Ländern bemerkbar; hier ist insbesondere Ungarn massiv betroffen. Gewisse Parallelen zu Island führten dazu, dass Ungarn in der Wahrnehmung der Investoren den gleichen Status wie Island einnimmt: die Auslandsverschuldung ist im Verhältnis zum Bruttoinlandsprodukt ähnlich hoch wie in Island. Entsprechend haben die Investoren das Vertrauen in die ungarische Volkswirt-schaft verloren, die nicht mehr die zweistelligen Wachstumsraten wie noch vor ein paar Jahren aufweist. Dadurch ist der ungarische Forint stark unter Druck geraten, und das Land hatte unter Devisenknappheit zu leiden.

Die starke Abwertung des Forints lässt sich mit der durch die Finanzkrise stark gestiegenen Risikoaversion der Anleger erklären, die sich aufgrund der volkswirtschaftlichen Schwächen des Landes, der hohen Verschuldung und der schwierigen Lage der von ausländischem Geld abhängigen Banken aus Ungarn und dem Forint zurückziehen. Zudem sorgen auch hier Spekulanten dafür, dass der Forint zusätzlich unter Druck gerät, da diese auf weiter fallende Kurse wetten.

Die hohe Verschuldung resultierte nicht zuletzt aus der starken Ausweitung des Staatsdefizits im Rahmen der Wahlen vor zwei Jahren; hier wurden großzügige Steuergeschenke gemacht in der Annahme, dass es mit dem Wachstum des Landes wie bisher weitergeht. Aber auch die Banken haben ihren Teil dazu beigetragen, indem die Kreditvergabe anstatt in ungarischen Forint in Euro oder Schweizer Franken erfolgte, da hier das Zinsniveau deutlich niedriger war als in Ungarn. Dieses Finanzmodell erwies sich dann im Zuge der Abwertung des Forints als Falle. Die externe Verschuldung von Ungarn lag Ende Juni 2008 bei 117 Mrd. €; davon entfielen nahezu 90 Mrd. € auf Fremdwährungen. Die Staatsverschuldung entspricht damit etwa 67% des Bruttoinlandsproduktes.

In der zweiten Jahreshälfte 2008 hat der Forint gegenüber dem Euro rund 30% seines Wertes verloren. Um den rasanten Wertverlust des Forint zu stoppen, hat die ungarische Notenbank den Leitzins im Oktober 2008 um 300 Basispunkte auf 11,5% angehoben. Diese drastische Zinserhöhung ist auf die enorme Verschuldung Ungarns in Fremdwährung zurückzuführen. Der Abwärtsdruck auf den Forint resultiert demnach vor allem daraus, dass die Anleger an der Fähigkeit Ungarns, seine Kredite zurückzuzahlen, zweifeln. Vor allem die Ankündigung ungarischer Banken, keine weiteren in fremder Währung denominierten Kredite zu vergeben, wirkte hier alarmierend. Die Tatsache, dass bereits 85% aller in Ungarn vergebenen Kredite in Fremdwährung denominiert sind, zeigt, wie groß die Abhängigkeit der Realwirtschaft von Währungsschwankungen ist.

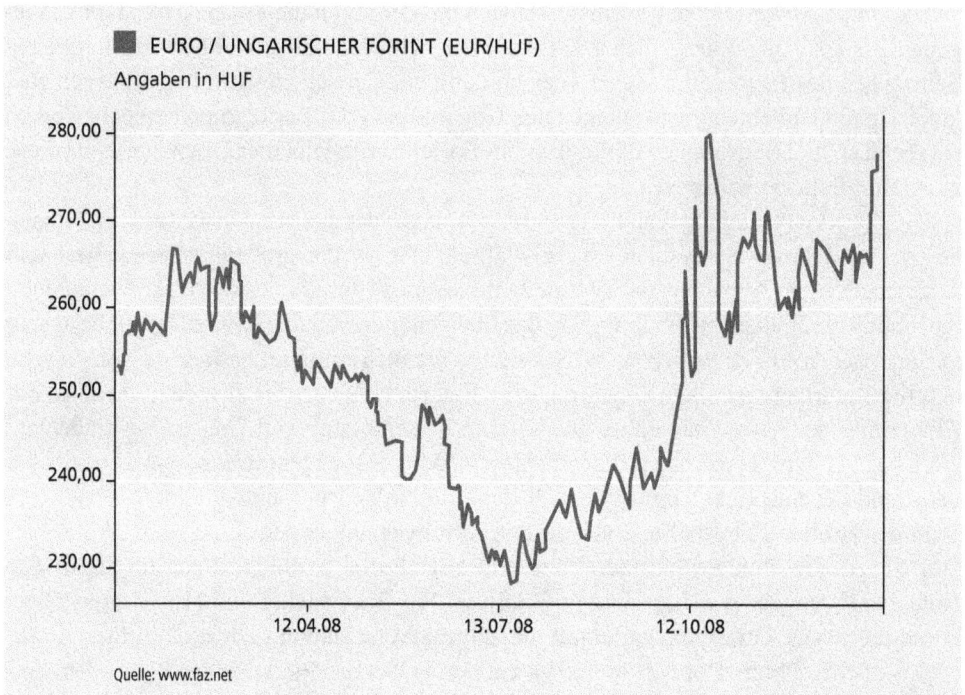

Abb. 3.5: Euro/Ungarischer Forint

Im November und Dezember folgten dann Zinssenkungen auf 10%, da die Zinserhöhungen nicht den gewünschten Effekt der Währungsstabilisierung zeigten, und die Regierung zudem befürchtete, dass sich das hohe Zinsniveau negativ auf das Wachstum des Landes auswirkt. Die höheren Kosten der Kreditbeschaffung, die mit der Zinserhöhung einhergehen, könnten demnach zu einer Rezession führen; zudem verteuern sie die Kapitalbeschaffung der Banken.

Um Ungarn vor dem drohenden Staatsbankrott zu bewahren, haben der Internationale Währungsfonds, die EU und die Weltbank ein Kreditpaket in Höhe von 20 Mrd. € beschlossen. Ungarn hat zudem einen Zwölf-Punkte-Plan aufgestellt, um seinen Problemen zu begegnen; dieses sieht u.a. einen raschen Abbau der Staatsverschuldung vor.

Rahmenbedingungen für Währungsmanagement

4 Verschiedene Währungssysteme

4.1 Grundlagen

Seit dem Ende des Abkommens von Bretton-Woods haben sich verschiedene Arten von Währungssystemen gebildet und verbreitet. Kleinere Länder binden ihre Währungen immer noch an die großer Industrienationen, wobei selbst unter diesen Ländern aufgrund von verschiedenen Regelungen und Restriktionen oftmals noch weiter differenziert werden muss. In den meisten Regionen hat sich ein System der kontrolliert gleitenden (floating) Devisenkurse durchgesetzt. Dies ermöglicht es, durch freie Wechselkurse, gekoppelt mit Zentralbankinterventionen, die Wechselkursschwankungen innerhalb der Industrienationen auf einem moderaten Niveau zu halten.

Gemäß dem aktuellen IWF-Übereinkommen sind die folgenden drei Alternativen möglich:

■ Wechselkursregelungen ohne eigenes gesetzliches Zahlungsmittel.

■ Regelungen in Form eines Currency Board bzw. sonstige konventionelle Regelungen mit festen Wechselkursen oder festen Wechselkursen in der Bandbreite.

■ Andere Wechselkursregelungen nach Wahl des Mitgliedslandes wie Kursanpassungen und Floating.

Aus diesem Übereinkommen haben sich verschiedene Systeme herausgebildet, welche in die folgenden vier Obergruppen eingeteilt werden können:

■ Feste Wechselkursregelungen
■ Völlig freie Wechselkurse

- Systeme der geregelten freien Wechselkurse

- Systeme der gekoppelten Wechselkurse

Als extremster Fall existiert das System einer Wechselkursregelung ohne eigene Währung.

4.2 Wechselkursregelung ohne eigene Währung.

In dieser extremsten Form verzichtet das betroffene Land völlig auf ein eigenes Zahlungsmittel und somit auch auf eine eigene Geldpolitik. Als Währung und Zahlungsmittel wird die Währung eines anderen Staates herangezogen. Diese so genannte Ankerwährung ist in den meisten Fällen der US-Dollar. Einige Länder Mittelamerikas haben diese Art des Währungssystems angenommen. Seit einiger Zeit haben sich auch Wirtschaftsverbünde gebildet, die faktisch eine fremde Währung nutzen, jedoch eigene Banknoten herausgeben. Dies trifft unter anderem bei der Ostkaribischen Währungsunion mit dem Zahlungsmittel Ostkaribischer Dollar zu. Der Ostkaribische Dollar ist seit 1976 fest an den US-Dollar gebunden. Der Wechselkurs liegt bei 1 US-Dollar = 2,6882 / 2,7169 Ostkaribische Dollar (Geldkurs / Briefkurs).

Ein weiteres Beispiel für eine derartige Währungspolitik sind die Westafrikanische Wirtschafts- und Währungsunion und die Zentralafrikanische Wirtschafts- und Währungsunion mit der Währung CFA-Franc. Der CFA-Franc, die Gemeinschaftswährung zweier Währungsunionen in Afrika (14 Mitgliedsstaaten), war früher an den französischen Franc gebunden. Seit der Einführung des Euro entsprechen 665.957 CFA-Franc einem Euro.

Auch das Euro-Währungsgebiet stellt eine besondere Form des Verzichts auf die eigene Währung dar. Da diese Währung jedoch auf einer gemeinsamen Politik basiert und keineswegs von einer Bindung an eine andere Währung gesprochen werden kann, wird das Euro-Währungsgebiet in den folgenden Kapiteln nochmals näher erläutert.

4.3 Feste Wechselkursregelungen

Als feste Wechselkursregelungen werden im Allgemeinen 100% fixe und minimal schwankende Mechanismen bezeichnet. Innerhalb dieser Gruppierung haben sich weitere verschiedene Ausprägungen gebildet, welche im Folgenden näher erläutert werden sollen.

Ein Currency Board ist ein Wechselkursystem, bei dem ein Land einseitig die eigene Währung zu einem bestimmten Wechselkurs gegenüber einer ausländischen Währung fixiert. Der Unterschied zu einem einfachen System mit fixen Wechselkursen besteht in der starken Institutionalisierung des Currency Boards. Die Wechselkurssteuerung wird einer exogenen Institution übertragen; die Zentralbank ist somit nur noch in ausführenden

Aufgaben tätig. Dadurch soll auf den internationalen Finanz- und Devisenmärkten Vertrauen geschaffen werden, um die Integration in die Märkte zu verbessern und günstigere Bedingungen für die Fremdkapitalaufnahme zu erhalten. Wie bereits ausgeführt, besteht zwischen der Heimat- und Fremdwährung, die in diesem Zusammenhang als Ankerwährung bezeichnet wird, ein fester Wechselkurs. Die Zentralbank bzw. die Regierung hat die Verpflichtung, die Inlandswährung gegen die Auslandswährung zu diesem festen Kurs jederzeit umzutauschen. Dies impliziert, dass die monetäre Umlaufbasis zu größten Teilen durch Fremdwährungsreserven gedeckt sein muss. Oftmals wird die Geldbasis zu 100% durch Fremdwährungsreserven gedeckt. Die Regierung sollte sich auf lange Sicht zu diesem System bekennen, weshalb es oftmals gesetzlich vorgeschrieben wird. Um die Glaubwürdigkeit des Currency Boards zu gewährleisten, ist es wichtig, dass auch über die Grenzen von politischen Parteien hinaus ein Konsens über dessen Notwendigkeit besteht.

Neben dem Currency Board gibt es noch die konventionelle Regelung mit festen Wechselkursen sowie die Regelung von festen Wechselkursen innerhalb einer horizontalen Bandbreite. Als extremster Fall gilt darunter die Währungsunion. Hierbei handelt es sich um die Wechselkursfixierung, die am schwierigsten wieder rückgängig zu machen ist. Die Mitgliedsländer geben ihre lokale Geldpolitik auf und einigen sich in Zukunft untereinander auf eine gemeinsame Geldpolitik. Diese Vorgehensweise konnte in den vergangenen Jahren anhand der Einführung der Europäischen Gemeinschaftswährung verfolgt werden.

Ein fixer Wechselkurs zu einer Ankerwährung bzw. zu einem Währungskorb (Currency Basket) bildet eine weitere Form der fixen Wechselkursmechanismen. Der Paritätskurs muss in diesem Fall durch Interventionen der Zentralbank sichergestellt werden.

4.4 Völlig freie Wechselkurse („free floating")

Flexible Wechselkurse („free floating") bilden sich allein durch Angebot und Nachfrage auf dem Devisenmarkt. Der Staat greift in diesen Preisbildungsprozess nicht ein. Damit ein Wechselkurs flexibel ist, darf natürlich auch keine der beiden beteiligten Notenbanken intervenieren. Heutzutage sind sehr wenige Wechselkurse zu 100% frei schwankend. Selbst bei den Währungen der größten Industrienationen wird von den Zentralbanken von Zeit zu Zeit interveniert. Greifen die Zentralbanken ein, so wird von einem „Dirty Floating" gesprochen.

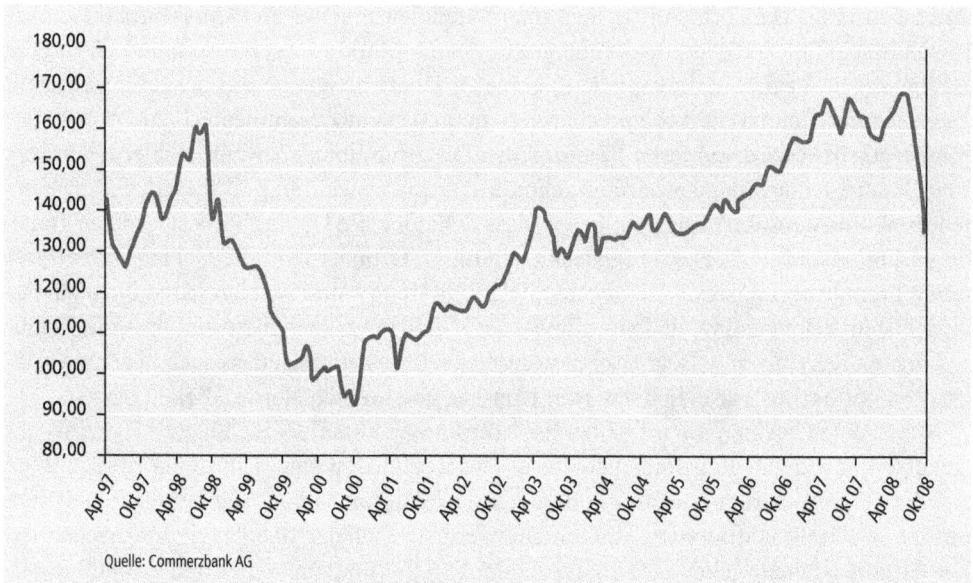

Quelle: Commerzbank AG

Abb. 4.1: EUR/JPY inkl. historische Rückrechnung (Apr. 1997 – Okt. 2008)

4.5   Systeme der geregelten freien Wechselkurse

Neben den festen und flexiblen Wechselkursen haben sich noch verschiedene weit verbreitete Hybridformen gebildet. Diese sind durch Eigenschaften der fixen sowie der freien Wechselkurse charakterisiert. Die gleitende Bandbreite, oder auch „Crawling Peg" genannt, ist ein spezielles Wechselkursregime, bei dem die Währung an eine Ankerwährung gebunden ist, aber regelmäßig und nach vorheriger Bekanntgabe auf- bzw. abgewertet wird. Im Gegensatz dazu ist der „Adjusted Peg" ein Regime, bei dem die Auf- bzw. Abwertungen ohne vorherige Ankündigungen durchgeführt werden.

Eine weitere Mischform ist die der Wechselkursbandbreite. Dabei ist die einheimische Währung zu einem festen Kurs an eine Ankerwährung gekoppelt. Der Kurs kann jedoch zu einem bestimmten Prozentsatz um den festen Kurs schwanken. Erst wenn der Kurs diese Barriere durchbricht, interveniert die Zentralbank. Dies ermöglicht einen freien Handel, da nicht bei jeder größeren Transaktion interveniert werden muss. Im Europäischen Währungssystem waren bis 1993 die Kurse zwischen den Mitgliedsländern mit einer Bandbreite zwischen 2,25 % und 6 % vereinbart. Nach verschiedenen Spekulationen, vor allem gegen das Pfund, ist diese Bandbreite 1993 auf 15% erhöht worden. Mit der Einführung des Euro im Jahr 1999 wurde dieser Mechanismus dann hinfällig.

Der aktuelle Wechselkursmechanismus II, der an die Stelle des früheren EWS I tritt, verfolgt das Ziel, die Wechselkursstabilität zwischen dem Euro und den am WKM 2 teil-

nehmenden nationalen Währungen zu gewährleisten. Dadurch sollen zu starke Wechselkursschwankungen im Binnenmarkt verhindert werden. Die der Europäischen Union am
1. Mai 2004 beigetretenen neuen Mitgliedstaaten werden dem WKM 2 entsprechend ihrer
Vorbereitung auf die Einführung des Euro nach und nach beitreten. Am 27. Juni 2004
sind die estnische Krone, der litauische Litas und der slowenische Tolar dem WKM 2
beigetreten. Am 2. Mai 2005 sind drei weitere Staaten dem WKM 2 beigetreten: Zypern,
Lettland und Malta.

Land	Währung	Leitkurs (1 EUR =)	Schwankungsbreite ±
Dänemark	Dänische Krone	746,038	2,25%
Estland	Estnische Krone	156,466	15%
Lettland	Lettischer Lats	0,702804	15%
Litauen	Litas	34,528	15%
Malta	Maltesische Lira	0,4293	15%
Slowakei	Slowakische Krone	38,455	15%
Slowenien	Tolar	239,64	15%
Zypern	Zypern-Pfund	0,585274	15%

Tab. 4.1: Schwankungsbreite der Währungen

Die letzte hybride Form von Wechselkursmechanismen bildet das so genannte „Dirty
Floating" bzw. „Managed Floating". Bei diesem System ist der Wechselkurs grundsätzlich flexibel, die Zentralbanken intervenieren jedoch von Zeit zu Zeit, um bestimmte
Kursziele zu erreichen oder geldpolitische Ziele zu verfolgen. Dieses System bestimmt
die wichtigsten Währungen und Währungssysteme. Die Währungen der weltweit führenden Industrienationen verfolgen größtenteils dieses System.

5   Grundlegende Paritätsbeziehungen

5.1 Grundlagen

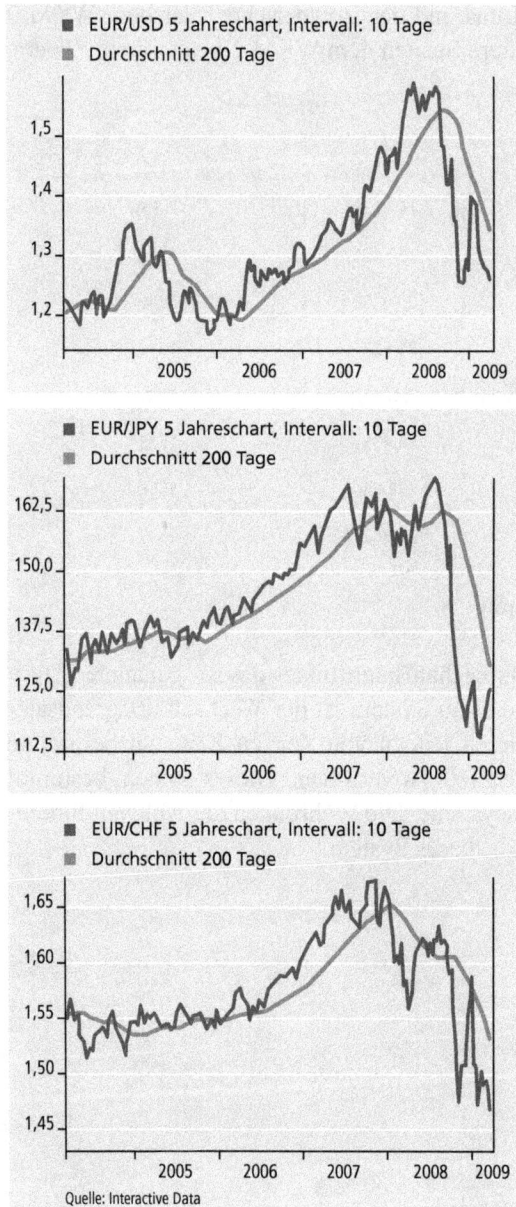

Ein Land repräsentiert sich nach außen auch in der Darstellung seiner Währung. Währungen, welche als bedeutend gelten und als kalkulatorische Basis herangezogen werden, nennt man Weltleitwährungen. In den Vereinigten Staaten von Amerika ist dies der US Dollar, in Japan der Yen und in der Europäischen Union, seit der Einführung der Gemeinschaftswährung, der Euro, um hier nur die wichtigsten zu nennen. Würde es nur eine Währung geben, dann gäbe es auch kein Bedürfnis nach einem Devisenmarkt. Jedoch handelt bei einer internationalen Transaktion außerhalb des eigenen Währungsraumes mindestens ein Akteur in einer Fremdwährung. Die Aufgabe des Devisenmarktes ist es, den Transfer von Kaufkraft von einer in eine andere Währung möglich zu machen. Etwa 95% der Transaktionen laufen dabei über den weltweiten Interbankenmarkt, an dem die Banken untereinander handeln.

Am Devisenmarkt gibt es verschiedene Arten von Geschäften. Am *Devisenkassamarkt* werden die Währungen zur sofortigen Lieferung gehandelt, das entspricht im Normalfall der Lieferung und Bezahlung des Betrags binnen zweier Werktage (T_0+2). Bei diesen Geschäften wird der Kassakurs (engl. *Spot rate*) zur Hand genommen. Man kann auch zum heutigen Datum Kurse und Mengen fest vereinbaren, das Geschäft jedoch erst in der

Abb 5.1: Wechselkursschwankungen in 5 Jahren

Zukunft erfüllen. Das zukünftige Datum ist dabei ebenfalls Bestandteil des so genannten Termingeschäfts (T_0+x). Für den Markt der *Devisentermingeschäfte* gilt der Terminkurs (engl. *Forward rate*).

Abb. 5.2: Devisenmarkt im Überblick

Die Transaktionen am Devisenkassamarkt machen ca. 60% des Devisenmarktes aus, weitere 10% werden durch die Termingeschäfte abgedeckt. Die restlichen 30% bestehen aus Swap (bilateraler Tauschvertrag)-Transaktionen, die sowohl ein Kassageschäft als auch ein Termingeschäft beinhalten.

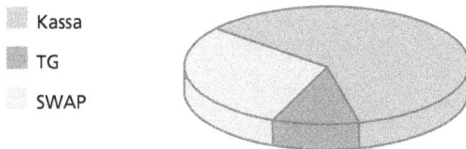

Abb. 5.3: Verteilung der Transaktionen am Devisenmarkt

Auf diese wird im späteren Kontext noch genauer eingegangen. Die Differenz zwischen dem Terminkurs und dem Kassakurs wird als Swapsatz bezeichnet. Entweder resultiert hieraus ein positiver Swapsatz, der auch Aufschlag oder Report genannt wird, oder ein Abschlag (Deport).

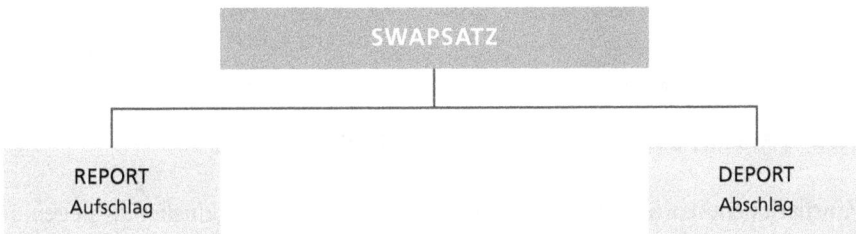

Abb. 5.4: Swapsatz und dessen Notierungsmöglichkeiten

Die Entstehung dieses Aufschlags bzw. Abschlags soll im nächsten Punkt näher erläutert werden. Der Devisenmarkt hat in der Ökonomie aufgrund seiner Merkmale einen besonderen Status. Die auf den Märkten gehandelten Produkte sind alle gleich, es besteht eine sehr hohe Markttransparenz, und es gibt keinen Informationsvorsprung anderer Akteure, da sich die Informationen sehr schnell verbreiten. Darüber hinaus weist er eine sehr hohe Teilnehmerzahl auf. Folglich wird der Devisenmarkt bei den Ökonomen auch oft als Markt der „vollständigen Konkurrenz" betrachtet, auf dem es zu einem bestimmten Zeitpunkt für eine bestimmte Währung nur einen Preis, also Kurs, geben kann. Sollte dies nicht der Fall sein, würden Marktteilnehmer diesen Unterschied durch risikolose Arbitrage schnell wieder ausgleichen. Diesen Vorgang versteht man als Preis- oder Quotierungsarbitrage.

5.2 Zinsparität (Interest rate parity)

Neben der oben genannten Preis- oder Quotierungsarbitrage gibt es noch weitere Arbitragemöglichkeiten. Die Verschiebung von kurzfristigen Anlagen zwischen zwei Währungen aufgrund verschiedener Zinsniveaus ist eine solche Möglichkeit. Diese Situation könnte ausgenutzt werden, um Gelder in einem Land mit höherem Zinsniveau anzulegen.

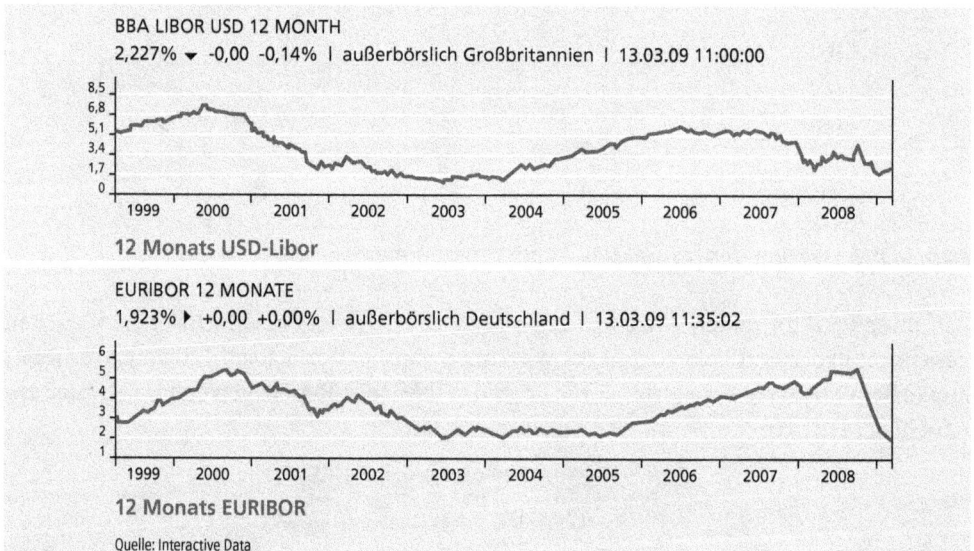

Abb. 5.5: 12 Monats USD Libor und 12 Monats EURIBOR

Die Zinsparitätentheorie besagt, dass die Währung des Niedrigzinslandes gegenüber der des Hochzinslandes mit einen Aufschlag bzw. Report gehandelt werden sollte, d.h. die Differenz des Zinsniveaus sollte in etwa dem Swapsatz entsprechen. Wenn diese Bedingung erfüllt ist, handelt es sich um die Zinsparität. Diese Parität stellt auch sicher, dass der Gewinn eines abgesicherten Investments in einem höher verzinsten Land genau dem Gewinn des Investments im Inland entspricht. Dieser Zusammenhang soll anhand des folgenden Beispiels verdeutlicht werden.

BEISPIEL

Ein deutscher Investor hat 10 Mio. Euro zur Verfügung und möchte diese für ein Jahr anlegen. Es stehen ihm dabei zwei Möglichkeiten zur Verfügung.

1. Die Investition im Inland. Der aktuelle Zinssatz im Euroland sei in unserem Fall 2,5% p.a.

2. Die Investition in die USA. Der dort angenommene Zins sei 4,5% p.a.

Entscheidet sich der Investor für Möglichkeit 1, erhält er nach einem Jahr folgenden Betrag:

10.000.000 Euro x 1,025 = 10.250.000 Euro

Entscheidet sich der Investor jedoch für die Möglichkeit zwei, muss er im ersten Schritt die 10 Mio. Euro in USD umtauschen. Der aktuelle Kassakurs EUR/USD sei in diesem Fall 1,1975 EUR/USD. Er erhält:

10.000.000 Euro x 1,1975 EUR/USD = 11.975.000 US-Dollar

Diesen Betrag legt der Investor nun für ein Jahr bei 4,5% an und würde nach einem Jahr folgenden Betrag erhalten:

11.975.000 US-Dollar x 1,045 = 12.513.875 US-Dollar

Anschließend müsste er den Betrag dann wieder in seine Heimatwährung, den Euro, umtauschen. Der Kursverlauf lässt sich jedoch nur sehr schwer vorhersagen. Über den tatsächlichen Betrag herrscht somit Unsicherheit. Der Investor könnte sich jedoch, wie bereits kurz angesprochen, mit Hilfe eines Termingeschäfts absichern. Er könnte zum heutigen Datum 12.513.875 US-Dollar per Termin in einem Jahr verkaufen.

Die Zinsparität besagt nun, dass die abgesicherte Geldanlage im Fremdwährungsland genau der Geldanlage im Inland entsprechen muss. Auch dies wollen wir im Folgenden noch einmal untersuchen.

12.513.875 US-Dollar geteilt durch den Terminkurs müssten 10.250.000 Euro ergeben. Anders ausgedrückt müsste der Dollarbetrag geteilt durch den Eurobetrag den Terminkurs ergeben.

12.513.875 US-Dollar / 10.250.000 Euro = 1,2209 EUR/USD

Die Zinsparität besagt weiter, dass die Differenz des Zinsniveaus in etwa dem Swapsatz entsprechen sollte. Der Swapsatz berechnet sich wie bereits beschrieben als Differenz aus Termin- und Kassakurs.

1,2209 EUR/USD - 1,1975 EUR/USD = 0,0234 EUR/USD

Bezogen auf den Terminkurs entspricht dies 1,92%, was wiederum in etwa der Zinsdifferenz von 2% entspricht.

Aus diesem Beispiel ist eindeutig ersichtlich, dass eine risikolose Arbitrage in diesem Fall nicht möglich ist. Sollte sich die Anlage in US-Dollar als rentabler erweisen als die Inlandsanlage, was bedeuten würde, dass keine perfekte Zinsparität herrschen würde, dann würde sich dieses Ungleichgewicht innerhalb kürzester Zeit wieder angleichen. Der durch die Transaktion verbundene Kauf von Dollar am Kassamarkt und Verkauf von Dollar am Terminmarkt würden dazu führen, dass der EUR/USD-Kassakurs fallen und der EUR/USD-Terminkurs steigen würde. Dies würde solange anhalten, bis die Zinsparität wieder erreicht ist.

Der daraus resultierende Zusammenhang der Zinsparität:

Abschlag / Aufschlag des Terminkurses   =   Differenz der Zinsniveaus

Abb. 5.6: Zusammenhang der Zinsparität

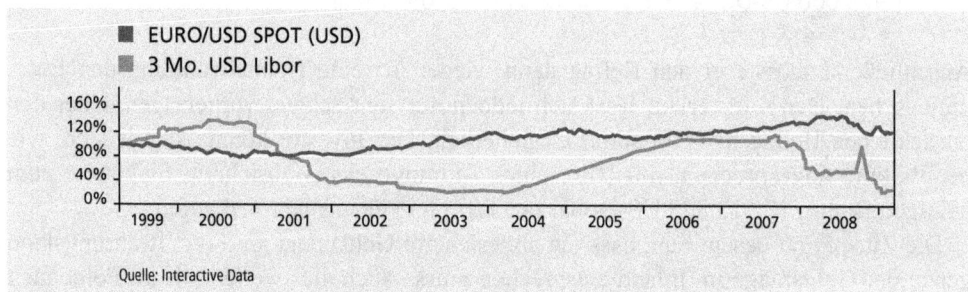

Abb. 5.7: EUR/USD Wechselkurs vs. 3 Mo. USD Libor

Es ist stets ratsam, ebenfalls einen Blick auf die Zinsstrukturkurve zu werfen. Man erhält hier wichtige Aussagen über die am Markt erwarteten bzw. eingepreisten Zinsveränderungen für die jeweilige Zins- und Währungszone. Die Zinsstrukturkurve gibt somit an, in welcher Abhängigkeit der Zinssatz in einer bestimmten Bindungsdauer ist.

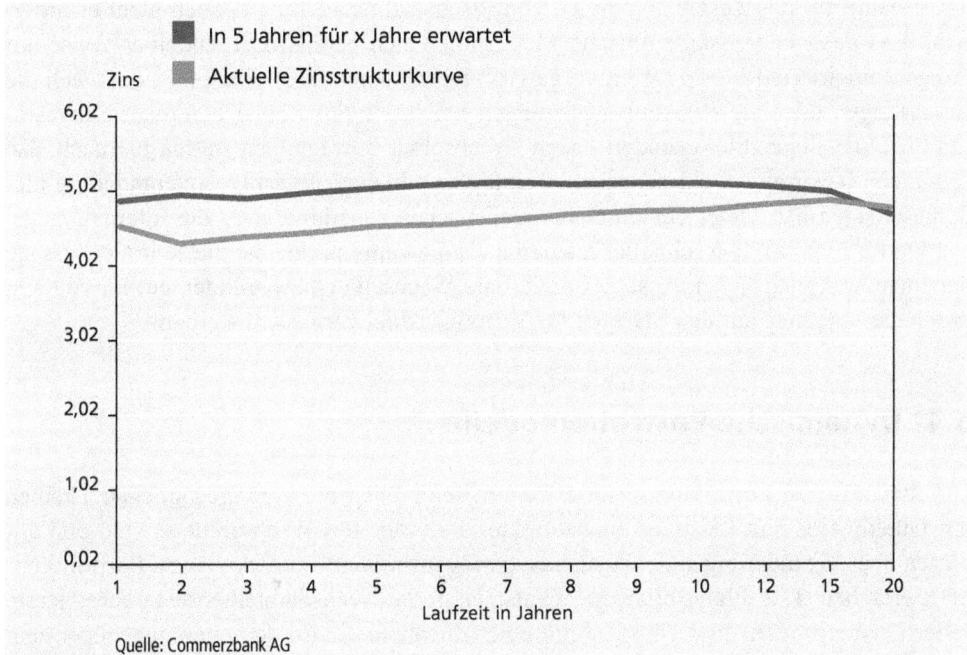

Abb. 5.8: Zinsstrukturkurve für Europa aktuell und erwartet in 5 Jahren

5.3 Portfoliomodelle

Die Zinsparitäten-Relation, die erstmals von Keynes erwähnt wurde, dient als Grundbaustein der Finanzmarktansätze unter den traditionellen Wechselkurstheorien. Während bei der Zinsparitätstheorie die vollständige Substituierbarkeit in- und ausländischer Aktiva angenommen wird, gehen die Portfoliomodelle von unvollkommeneren Substituierbarkeiten zwischen den verschiedenen Finanzaktiva aus. Diese Modelle sind deshalb allgemeiner als die Zinsparitätstheorie. Sie unterstellen nicht, dass Anleger völlig indifferent zwischen Alternativen internationaler Finanzaktiva sind, sofern die Erträge übereinstimmen. Sie beziehen vielmehr die Möglichkeit mit ein, dass alternative Anlagen mit unterschiedlichen Risiken behaftet sind, die zusammen mit Ertragsüberlegungen die Anlageentscheidung beeinflussen.

Portfoliomodelle beziehen sich auf die Zusammensetzung des Vermögens aus Beständen verschiedener (Finanz-) Aktiva. Die Änderung relativer Ertragsraten oder veränderte Risikoeinschätzung beeinflussen somit das als optimal angesehene Portfolio und lösen als Reaktion Portfolioumschichtungen aus. Für den Verlauf kurzfristiger Wechselkurse sind Anpassungsprozesse maßgeblich, die unmittelbar nach der Datenänderung auftreten. Es ist damit für das Zustandekommen von Wechselkursänderungen auch nicht erforderlich, dass geld- oder fiskalpolitische Maßnahmen sich bereits in irgendeiner Weise auf die gesamtwirtschaftlichen Daten ausgewirkt haben, sondern es reicht aus, dass sich die Erwartungen oder die Risikoeinschätzungen bei den international agierenden Investoren bzgl. der Finanztitel geändert haben. Wechselkursbewegungen treffen hiernach also schon ein, bevor eine Geldmengenausweitung sich in einer Preisniveauveränderung niedergeschlagen hat. Unter der durchaus realistischen Annahme, dass die internationalen Märkte für Finanzaktiva schneller reagieren als die Gütermärkte, ist die zentrale Aussage der finanzwirtschaftlichen Ansätze somit, dass Wechselkursbewegungen auf kurze Sicht durch die Vorgänge auf den Märkten für Vermögenstitel verursacht werden.

5.4 Dynamische Portfoliomodelle

Die dynamischen Portfoliomodelle erweitern schließlich die vorangegangenen Themen um Gütermarkt- und Leistungsbilanzeffekte, die Folge des Wechselkurses sind und auf diesen über Veränderungen der Auslandsvermögensbestände zurückwirken. Portfoliomodelle erlauben es, Zahlungsbilanzmechanismen in die Wechselkurstheorie zu integrieren. Jeder Leistungsbilanzüberschuss ist mit einer Zunahme der Forderungen gegenüber dem Ausland verbunden, ein bestehendes Portfoliogleichgewicht wird dadurch gestört. Eine Aufwertung der heimischen Währung wird nun in doppelter Weise auf eine Wiederherstellung des Gleichgewichts hinwirken. Die Aufwertung reduziert den Wert der bestehenden Auslandsforderungen und führt gleichzeitig zur Verringerung des Leistungsbilanzüberschusses. Es ist allerdings zu beachten, dass die Vermögenseffekte von Leistungsbilanzungleichgewichten als recht gering veranschlagt werden müssen. Portfolioeffekte der Leistungsbilanz werden erst dann empirisch nachweisbar, wenn es zur Kumulation beträchtlicher Überschüsse oder Defizite gekommen ist.

5.5 Monetaristische Wechselkurstheorie

Die monetaristische Wechselkurstheorie erklärt die Höhe des Wechselkurses durch die Geldbestände im In- und Ausland. Bausteine dieses Ansatzes sind die Quantitätstheorie und die Kaufkraftparitätstheorie. Wenn im Inland die Geldmenge zunimmt (oder die Geldnachfrage sinkt), muss sich nach der Quantitätstheorie, die ein allgemeines Gleichgewicht im realwirtschaftlichen Bereich, also auch Vollbeschäftigung, unterstellt, das inländische

Preisniveau sinken. Gemäß der Kaufkraftparitätstheorie führt ein Anstieg des inländischen Preisniveaus bei Konstanz des ausländischen Preisniveaus zu einer Abwertung der heimischen Währung. Aus diesem Ansatz folgt, dass eine (im Vergleich zum Ausland) expansive Geldpolitik zur Abwertung führt. Bei langsamen Preisreaktionen kann dieser Schluss indes unzutreffend sein.

5.6 Das Dornbusch Modell

Im Dornbusch Modell wird das monetaristische Modell erweitert. Diese Weiterentwicklung der Theorie war in den Siebzigerjahren der erste Schritt zu Erklärung realer Wechselkursbedingungen. Zum einen wird hier die unrealistische Annahme völliger Preisflexibiliät durch die Annahme „träger" Preisanpassungen ersetzt, und zum anderen die Zinsparität berücksichtigt. Nehmen wir an, dass ein ursprüngliches Gleichgewicht durch eine Geldmengenerhöhung im Inland gestört wird. Langfristig wird nach der Kaufkraftparitätentheorie die inländische Währung abwerten, weil sich langfristig das „träge" inländische Preisniveau erhöhen wird. Kurzfristig reagieren nur die Finanzmärkte. Die expansive Geldpolitik senkt den heimischen Zinssatz. Nach der Zinsparitäten-Relation führt das niedrigere Zinsniveau im Inland nun dazu, dass die Terminkurse der ausländischen Währungen unter dem Kassakurs liegen. Bei rationalen Erwartungen werden die Devisenhändler nun für die Zukunft eine Aufwertung der heimischen Währung annehmen. Diese Erwartung steht scheinbar im Widerspruch zur langfristigen Abwertung, die sich aus der Kaufkraftparitäten-Relation ergibt. Die Erklärung liegt darin, dass der Wechselkurs sofort nach der Geldmengenausweitung über seinen langfristigen Gleichgewichtskurs hinausschießt und sich dann allmählich durch Aufwertung an den höheren Gleichgewichtskurs annähert, während sich das Preisniveau langsam und gemächlich erhöht.

5.7 Kaufkraftparität (Purchasing Power Parity)

Solange der weltweite Handel unbeschränkt ist und sich Wechselkurse frei anpassen können, besagt die Kaufkraftparität, dass sich Wechselkurse anpassen, um die Unterschiede in den Preisniveaus widerzuspiegeln. Angenommen, der Preis für eine bestimmte Auswahl von Gütern beträgt in den USA 12.000 US-Dollar und in Deutschland 10.000 Euro. Der Wechselkurs sollte nach der Kaufkraftparität (KKP) folglich EUR/USD 1,20 betragen. Sollte dies nicht der Fall sein, etwa bei einem Devisenkurs von EUR/USD 1,10, dann könnte man die Güter für 10.000 Euro in Deutschland kaufen und in den USA für 12.000 US-Dollar wieder verkaufen. Die 12.000 US-Dollar könnten dann in Euro umgetauscht werden, man bekäme 10.909,10 EUR, und würde damit einen Gewinn von 909,10 Euro erzielen. Durch den Verkauf der US-Dollar und den Kauf von Euro würde sich der Wechselkurs wieder ins Gleichgewicht bringen. Die Kaufkraftparität wäre dann wieder hergestellt.

Dieses Beispiel beschreibt die absolute Variante der Kaufkraftparität. Einige kritische Aspekte sind jedoch eindeutig: Transportkosten, Einfuhrzölle und Güter, die nicht überall in gleicher Qualität vorzufinden sind, machen deutlich, dass man die Kaufkraftparitäten-theorie heute nur noch in seiner relativen Form anerkennt. Diese Theorie berücksichtigt, dass aufgrund dieser Störfaktoren die Preise von Gütern in verschiedenen Ländern nicht unbedingt über den Wechselkurs das gleiche Preisniveau haben müssen. Jedoch besagt sie, dass die Veränderungsrate der Preise, wenn man sie in eine andere Währung umrechnet, in etwa ähnlich sein sollte. Angenommen, zwei Länder haben beide die gleiche Inflationsrate und die Währungen befinden sich im Gleichgewicht, dann sollten Wechselkursbewegun-gen die Inflationsänderungen berücksichtigen, um die Unterschiede in den Inflationsraten wieder auszugleichen.

Einer der bekanntesten Tests der Kaufkraftparitätentheorie ist der von der Zeitschrift „The Economist" entwickelte „Big Mac Preis Index". Der Index zieht als Vergleich nur ein einziges Produkt in Betracht, den Big Mac von McDonalds. Dieser ist zwar kein han-delbares Produkt, jedoch gibt es den Big Mac in etwa 120 Ländern in gleicher Größe und Qualität. Um die Preise in verschiedenen Ländern vergleichen zu können, werden alle Preise in US-Dollar umgerechnet. Die Big Mac Kaufkraftparität ist ein hypothetischer Wechselkurs, der anzeigt, wieviel ein Big Mac in einem anderen Land kosten würde. Der Vergleich der aktuellen Wechselkurse mit der Kaufkraftparität gibt an, ob die Währung aktuell über- oder unterbewertet ist. Folgende Abbildung zeigt den Big Mac Index:

Country	BigMac Price		Actual Exchange Rate 1 USD =	Over (+) / Under (-) Valuation against the dollar, %	Purchasing Power Price
	in Local Currency	in US dollars			
United States	$ 3.41	3.41	1	---	---
Argentina	Peso 8.25	2.6113	3.1593	-18.9694	2.56
Australia	A$ 3.45	3.0208	1.1421	-6.3129	1.07
Brazil	Real 6.9	3.8893	1.7741	12.1696	1.99
Britain	£ 1.99	3.9721	0.501	23.2136	0.6173
Canada	C$ 3.88	3.9511	0.982	15.0713	1.13
Chile	Peso 1565	3.1445	497.7	4.2797	519
China	Tuan 11	1.5039	7.3141	-53.241	3.42
Colombia	Peso 6900	3.3751	2044.38	4.824	2143
Costa Rica	Colon 1130	2.2276	507.274	-30.8066	351
Czech Republic	Koruna 52.9	2.9167	18.137	-10.6798	16.2
Denmark	Dkr 27.75	5.4787	5.0651	70.1842	8.62
Estonia	Kroon 30	2.8214	10.6332	-12.35	9.32

Eygpt	Pound 9.54	1.6958	5.6255	-49.8711	2.82
Euro area	€ 3.06	4.504	0.6794	33.8092	0.9091
Hong Kong	HK$ 12	1.5375	7.8049	-52.2095	3.73
Hungary	Forint 600	3.4562	173.6	5.4147	183
Iceland	Kronur 469	7.4953	62.5729	152.5055	158
Indonesia	Rupiah 15900	1.693	9391.8	-47.4222	4938
Japan	¥ 280	2.4919	112.364	-22.5731	87
Latvia	Lats 1.39	2.894	0.4803	-12.5547	0.42
Lithuania	Litas 6.6	2.8134	2.346	-13.896	2.02
Malaysia	Ringgit 5.5	1.6541	3.3251	-48.573	1.71
Mexico	Peso 29	2.655	10.923	-17.5135	9.01
New Zealand	NZ$ 4.6	3.5609	1.2918	10.6983	1.43
Norway	Kroner 40	7.3816	5.4189	138.0557	12.9
Pakistan	Rupee 140	2.2838	61.3	-29.0375	43.5
Paraguay	Guarani 10500	2.1717	4834.94	-35.7593	3106
Peru	New Sol 9.5	3.1186	3.0462	-3.158	2.95
Philippines	Peso 85	2.054	41.3835	-36.2065	26.4
Poland	Zloty 6.9	2.8176	2.4489	-12.6138	2.14
Russia	Rouble 52	2.1215	24.511	-37.987	15.2
Saudi Arabia	Riyal 9	2.3923	3.7621	-25.5735	2.80
Singapore	S$ 3.95	2.7304	1.4467	-22.5824	1.12
Slovakia	Koruna 61.3	2.6726	22.9368	-21.5235	18.0
South Africa	Rand 15.5	2.2614	6.8543	-29.8251	4.81
South Korea	Won 2900	3.0947	937.08	-3.8503	901
Sri Lanka	Rupee 210	1.9275	108.948	-45.8457	59.0
Sweden	Skr 33	5.1404	6.4197	54.8359	9.94
Switzerland	SFr 6.3	5.5916	1.1267	73.9594	1.96
Taiwan	NT$ 75	2.3063	32.52	-28.3518	23.3
Thailand	Baht 62	2.0482	30.27	-36.2405	19.3
Turkey	Lire 4.75	4.0553	1.1713	20.3791	1.41
UAE	Dirhams 10	2.7217	3.6742	-15.3557	3.11
Ukraine	Hryvnia 9.25	1.7991	5.1415	-45.5412	2.80
Uruguay	Peso 62	2.8257	21.9418	-22.0666	17.1
Venezuela	Bolivar 7400	3.4438	2148.8	-1.7126	2112

Tab. 5.1: The Hamburger Standard, in: The Economist based on July, 2007 BigMac Prices

Der daraus resultierende Zusammenhang der Kaufkraftparität:

Veränderungsrate des Wechselkurses   =   Differenz der Inflationsraten

Abb. 5.9: Zusammenhang der Kaufkraftparität

5.8 Einkommenstheorie

Während die Kaufkraftparitätstheorie in den Preisniveauveränderungen die wesentliche Bestimmungsgröße für Wechselkursänderungen sieht, stellt die Einkommenstheorie die Entwicklung der Realeinkommen in den Mittelpunkt. Analysiert man das Ganze, kommt man zu dem Schluss, dass eine Einkommenserhöhung im Inland eine Reduzierung des Außenbeitrages durch eine Zunahme der Importe zur Folge hat. Bei vorher ausgeglichener Leistungsbilanz kommt es zu einem Leistungsbilanzdefizit. Die Importzunahme führt damit zu einer Abwertung der Inlandswährung, die das Leistungsbilanzdefizit kompensiert, denn bei stabilen Devisenmärkten sorgt der Wechselkurs, wenn wir von internationalen Kapitalbewegungen absehen, für eine ausgeglichene Leistungsbilanz.

Die Einkommenstheorie der Wechselkursentwicklung besagt damit, dass eine Zunahme des inländischen Realeinkommens durch Erhöhung der Inlandsnachfrage zu einer Abwertung der inländischen Währung führen wird. Demgegenüber bewirkt eine zusätzliche Auslandsnachfrage nach inländischen Gütern eine Aufwertung der Inlandswährung. Einschränkend müssen wir an dieser Stelle festhalten, dass zum einen Kapitalbewegungen, die die güterwirtschaftlich verursachenden Wechselkursveränderungen ausgleichen können, auch bei diesem Erklärungsansatz unberücksichtigt bleiben. Zum anderen wird unterstellt, dass das Land, in dem die Nachfrageerhöhung auftritt, über hinreichend freie Kapazitäten verfügt, so dass es nicht zu Preiserhöhungen, die eine reale Aufwertung bewirken, kommt.

5.9 Fisher Effekt

Die beschriebenen Markttheoreme der Zins- und Kaufkraftparität lassen sich durch den von Irving Fisher formulierten Fisher Effekt verknüpfen. Der Fisher Effekt besagt, dass der Nominalzinssatz aus dem Realzinssatz sowie der antizipierten Inflationsrate zusammengesetzt ist. Angenommen, Investoren aller Länder benötigen die gleiche reale Rendite, dann sind eventuelle Zinsunterschiede auf die Differenzen der erwarteten Inflation zurückzuführen.

Sollten nun die erwarteten Realzinsen in einem Land höher sein als in einem anderen, würde Kapital vom niedrig verzinsten Land in das höher verzinste Land fließen. Dieser Arbitrageeffekt würde solange anhalten, bis sich das Realzinsniveau in den beteiligten Ländern angeglichen hat. Dies würde die Hauptaussage des Fisher Effektes bestätigen, dass beim Marktgleichgewicht die Nominalzinsdifferenz in etwa den erwarteten Unterschieden in den Preisniveaus (Inflation) entsprechen sollte. Folglich kann man daraus schließen, dass Währungen mit höherem Inflationsniveau ebenfalls ein höheres Zinsniveau im Vergleich zu Währungen mit einem niedrigeren Preisniveau haben sollten.

Der daraus resultierende Zusammenhang des Fisher Effekts:

Nominaler Zins   =   Realer Zins   +   erwartetes Preisniveau (Inflation)

Abb. 5.10: Zusammenhang des Fisher Effekts

5.10   Internationaler Fisher Effekt

Es liegt in der Natur des Investors, dass er sein Kapital in dem Land anlegt, in dem er die höchste Rendite erwartet. Das ist gleichzusetzen mit der Tatsache, dass bei verschiedenen Zinsniveaus das Geld in das höher verzinste Land fließen wird. Der Internationale Fisher Effekt besagt, dass derartige Unterschiede nur so lange existieren können, bis der Vorteil des Zinsunterschieds durch den Nachteil der Währungstransaktionen ausgeglichen wird. Mit anderen Worten bedeutet dies, dass sich eine Währung mit niedrigem Zinsniveau gegenüber einer Währung mit höherem Zinsniveau aufwerten wird, bis keine risikolose Arbitrage mehr möglich ist.

Der daraus resultierende Zusammenhang des internationalen Fisher Effekts:

Erwartete Veränderungsrate des Wechselkurses   =   Differenz der Zinsen

Abb. 5.11: Zusammenhang des internationalen Fisher Effekts

Der Effekt hängt eng mit der Kaufkraftparitätentheorie und dem Fisher Effekt zusammen. Die KKP besagt, dass sich Währungskurse ändern, um die Unterschiede der Inflationsniveaus auszugleichen. Dies bedeutet, dass ein Anstieg der US-Inflation mit einer Abwertung des US-Dollar zusammenhängt. Diese Abwertung wird auch antizipiert bei einem Anstieg der US-Zinsen gegenüber den ausländischen Zinsen (Fisher Effekt). Fasst man nun die beiden Schlussfolgerungen zusammen, resultiert daraus wieder der Internationale Fisher Effekt.

5.11   Unbiased-forward-rate theory

Die „Unbiased-forward-rate-theory", die Theorie der erwartungsgemäßen Terminkurse, bildet den letzten Punkt der Paritätsbeziehungen von Wechselkursveränderungen. Angenommen ein deutscher Exporteur erwartet in drei Monaten eine Zahlung von 1.000.000 US-Dollar. Er kann sich nun festlegen, indem er den Betrag zu dem aktuell vorherrschenden Kurs von EUR/USD 1,2500 in drei Monaten verkauft und somit ein Termingeschäft abschließt. Erwartet der Exporteur in drei Monaten einen Kurs unter EUR/USD 1,2500, dann würde er sich nicht absichern, erwartet er jedoch einen Kurs über EUR/USD 1,2500, dann würde er sich über das Termingeschäft absichern. Sollte die Meinung eines Kurses über EUR/USD 1,2500 allgemeiner Marktkonsens sein, würde der Terminkurs aufgrund der Terminverkäufe sinken. Dies würde solange anhalten, bis der Terminkurs dem erwarteten Kurs der Marktteilnehmer entspricht. Der gleiche Mechanismus besteht natürlich auch bei umgekehrtem Szenario.

5.12   Zusammenfassung

Nachdem die fünf wichtigsten ökonomischen Beziehungen der Wechselkurse beschrieben worden sind, soll das folgende Diagramm nochmals einen Überblick über die Theorien geben.

Angenommen, man erwartet in Deutschland für das kommende Jahr eine um 2% höhere Inflation als in den USA, dann sollte sich der Euro im Gegensatz zum US-Dollar um 2% abwerten. Ebenso sollte der 1-Jahres-Terminkurs mit einem 2-prozentigen Abschlag gegenüber dem US-Dollar gehandelt werden. Folglich sollten auch die 1-Jahres-Zinsen in Deutschland in etwa 2% höher sein als in den USA.

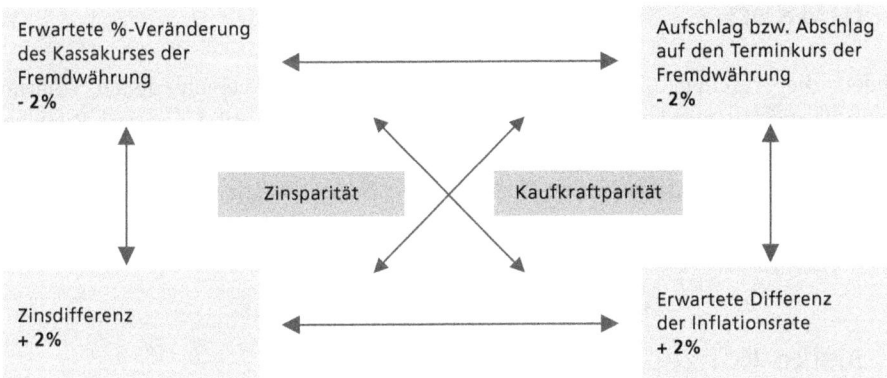

Abb. 5.12: Zusammenfassung der Wechselkurstheorien

5.13   Bewertung der traditionellen Wechselkursmodelle

Allen traditionellen Modellen ist eines gemeinsam, nämlich dass der empirische Befund relativ unbefriedigend ist. Wenn die Hypothesen mit empirischen Daten konfrontiert werden, versagen sie durchweg. Auch der Einwand, dass ein Zeitraum von zwanzig Jahren flexibler Wechselkurse zu kurz sei, um die Hypothesen zu testen, vermag letztlich nicht zu überzeugen. Hier liegt der Verdacht nahe, dass eine Theorie mit dem Hinweis, sie sei nur „in the long run" gültig, gegen ihre empirische Widerlegung immunisiert werden soll. Die Probleme traditioneller Wechselkursmodelle ist nicht darin begründet, dass diese nicht ausgereift etc. sind, sondern dass es vielmehr sehr schwer ist, die Daten, welche benötigt werden, zu gewinnen. Aufgrund dieser Problematik wurde in den achtziger Jahren des letzten Jahrhunderts begonnen, neue Ansätze mit rationalen Erwartungen zu finden. Hier zu nennen ist das Risikoprämienmodell, welches begründet, warum Terminkurs- und Wechselkurserwartungen auseinander fallen können, sowie der News-Ansatz, welcher die Erwartungsirrtümer in den Mittelpunkt der Untersuchung stellt.

6   Risiken

Nachdem die grundlegenden Paritätsbeziehungen sowie die verschiedenen Währungssysteme eingeführt worden sind, sollen in dem folgenden Kapitel die drei Risikoarten des Währungsrisikos erläutert werden – das ökonomische Risiko, das Transaktionsrisiko sowie das Translationsrisiko. Neben diesen Bezeichnungen werden synonym die Bezeichnungen: „economic exposure", „transaction exposure" und „translation exposure" in der Literatur und Praxis verwendet.

6.1 Risiko-Konzepte

6.1.1 Ökonomisches Währungsrisiko

Das ökonomische Währungsrisiko, auch als Operating und Economic Exposure bekannt, beschreibt das aus Wechselkurschwankungen hervorgerufene Wettbewerbsrisiko. Anders ausgedrückt kann es auch definiert werden als das Risiko, das den Barwert der zukünftigen Zahlungsströme (Cashflows) durch Wechselkursbewegungen beeinflusst. Eine Beispieltransaktion wäre ein Exportgeschäft, das in Heimatwährung fakturiert ist. Für diese Transaktion besteht kein Transaktionsrisiko, auf welches im nächsten Abschnitt noch näher eingegangen wird. Trotzdem ist auch diese Transaktion einem Währungsrisiko ausgesetzt, dem ökonomischen Währungsrisiko. Dieses entsteht durch eine Veränderung der Wettbewerbssituation, die durch Wechselkursschwankungen entsteht.

Das ökonomische Risiko betrachtet auch das veränderte Verhalten von Firmen, Konsumenten und Konkurrenten bzw. Wettbewerbern aufgrund von Wechselkursänderungen. Des Weiteren sind die Auswirkungen dieser Änderung auf verschiedene Faktoren in Betracht zu ziehen: Wie kann oder muss ich meinen Preis ändern, wie reagieren die Wettbewerber mit ihren Preisen, wie sensitiv ist die Nachfrage nach meinen Produkten im Falle einer Preisänderung, und schließlich die Frage, inwieweit sich die Preise auf den Weltmärkten unterscheiden können. Daraus wird klar, dass das „Economic Exposure" durch internationale Organisationen und Makroökonomie genauso beeinflusst wird wie durch Finanzthemen.

Auch wenn unser Hauptaugenmerk auf international agierenden Unternehmen liegt, sind auch kleinere Unternehmen, die nur im Inland tätig sind, dem ökonomischen Währungsrisiko ausgesetzt. Angenommen, ein Stahlproduzent in Deutschland bezieht seine Rohmaterialien aus dem Inland und verkauft seine Fertigerzeugnisse ebenfalls nur im Inland. Dieser Unternehmer sieht sich primär keinem Wechselkursrisiko ausgesetzt. Es werden sich jedoch auf dem Markt immer auch internationale Wettbewerber befinden. Sollte nun die inländische Währung gegenüber der Fremdwährung des internationalen Konkurrenten aufwerten, könnten vermehrt Abnehmer des Stahlproduzenten ihre Waren bei ausländischen Konkurrenten beziehen, da diese durch den veränderten Wechselkurs günstiger sind. Dies könnte somit indirekt die Zahlungsströme des Stahlproduzenten beeinflussen.

Wie an diesem Beispiel verdeutlicht wird, ist das ökonomische Währungsrisiko nicht nur auf international agierende Unternehmen beschränkt. Das „Economic Exposure" hängt stark von Schätzungen über die zukünftigen Zahlungsströme ab. Somit ist auch die Messung dieses Risikotyps stark von subjektiven Faktoren geprägt. Folglich hat die Analyse des „Economic Risk" mehr mit betriebs- und volkswirtschaftlichen Analysen zu tun als mit reinen buchhalterischen Größen.

6.1.2 Transaktionsrisiko

Das Transaktionsrisiko (Transaction Risk), auch als Umwechslungsrisiko bekannt, wird beschrieben als das Risiko von Wechselkursänderungen auf zukünftige Zahlungsströme (Cashflows) aus bereits abgeschlossenen Geschäften. Das Risiko bezieht sich dabei auf die Netto-Zahlungsströme pro Fremdwährung, die bis zum Zahlungszeitpunkt einem Wechselkursrisiko ausgesetzt sind.

Um das Transaktionsrisiko messen bzw. analysieren zu können, sind genaue Vorhersagen über die Zahlungsströme nötig. Deshalb wird oftmals ein kurzer Zeitrahmen gewählt, um die Ströme mit angemessener Genauigkeit zu bestimmen und somit eine genaue Analyse zu gewährleisten. Beispieltransaktionen, die diesem Risiko unterliegen, sind:

- Zinseinkünfte durch Investitionen in Fremdwährungen

- Importe, die in Fremdwährung fakturiert sind

- Auslandsverbindlichkeiten

Als Beispiel für das Transaktionsrisiko betrachten wir die Asienkrise in den Jahren 1997 –1998 und im Speziellen die amerikanischen Exporteure. Angenommen, diese hätten während dieser Zeit ihre Exporte nach Asien in den jeweiligen asiatischen Währungen fakturiert, dann wären die Zahlungseingänge aufgrund der massiven Abwertung der asiatischen Währungen um bis zu 80% eingebrochen. Hätten sie ihre Produkte in US-Dollar fakturiert, wären sie dem Transaktionsrisiko nicht ausgesetzt gewesen. Allerdings wären dann die asiatischen Importeure massiven Problemen aufgrund der Währungsabwertung und des damit verbundenen Transaktionsrisikos ausgesetzt gewesen.

Dieses Beispiel stellt eindeutig dar, dass große Schwankungen bei den Wechselkursen einen verheerenden Einfluss auf den internationalen Handel eines Unternehmens haben können.

Wie bereits ausgeführt basiert das Transaktionsrisiko rein auf den Cashflows in Fremdwährung. Cashflows sind in diesem Fall jedoch nicht gleich Cashflows. Cashflows resultieren aus gebuchten Umsätzen, abgeschlossenen Verträgen sowie geplanten Verträgen/ Umsätzen. An dem jeweiligen Charakter der Cashflows lässt sich auch schnell ihre Sicherheit, das heißt ihre Eintrittswahrscheinlichkeit, erkennen. Ein gebuchter Umsatz impliziert eine sehr hohe Eintrittswahrscheinlichkeit, ein vertraglich basierender Cashflow gleichwohl eine etwas geringere, jedoch immer noch recht hohe Eintrittswahrscheinlichkeit. Der geplante Cashflow hingegen ist eher unsicher und besitzt daher auch eine eher geringe Eintrittswahrscheinlichkeit. Aus diesen unterschiedlichen Cashflows resultiert eine differenzierte Absicherungsstrategie für die einzelnen Formen. In der Regel ist es der Fall, dass Cashflows, deren Eintrittsdatum noch weiter in der Zukunft liegen, zunächst mit einem geringen Prozentsatz des Gesamtexposures absichert werden. Dies bedeutet, dass beispielsweise nur 30% des Gesamtrisikos abgesichert werden. Je näher das Eintrittsdatum der Cashflows an das gegenwärtige Datum heranrückt, desto höher wird der Teil des abzusichernden Teils des Gesamtexposures. Dies ist in diesem Fall mit der höheren Eintrittswahrscheinlichkeit und somit Planungssicherheit zu erklären. Würde man bereits den ersten Cashflow, der noch weit in der Zukunft liegt, mit einem hohen Prozentsatz absichern, würde das Unternehmen Gefahr laufen, eine offene Position aus einem Sicherungsgeschäft zu generieren. Neben dem Erklärungsansatz der Eintrittswahrscheinlichkeit ist in diesem Zusammenhang noch ein weiterer Ansatz anzuführen. Zu erklären ist die geringere Absicherungsquote auch durch die Tatsache, dass das Unternehmen bei Cashflows, die noch weit in der Zukunft liegen, noch einen größeren Spielraum für Preisanpassungen hat. Dadurch kann das Unternehmen einen Teil des nicht abgesicherten Exposures durch Preisanpassungen ausgleichen. Die Möglichkeit der Preisanpassungen hängt dabei stark von den Unternehmen und der Marktsituation ab.

6.1.3 Translationsrisiko

Das Translationsrisiko (Translation Risk, Accounting Exposure, Balance Sheet Exposure), oder auch Umrechnungs- bzw. Konvertierungsrisiko ist eine weitere Form des Wechselkursrisikos, definiert als das Risiko der konsolidierten Finanzberichte. Um einen solchen konsolidierten Finanzbericht zu erstellen, muss das Unternehmen Vermögen und Verbindlichkeiten, die nicht in der Berichtswährung geführt werden, zum Zweck der Konsolidierung mit dem jeweiligen Wechselkurs umrechnen. Beispiele für derartige Positionen sind:

- Anteilsbesitze (Eigentümer oder Teilhaber) der Konzerngesellschaft an Tochter- bzw. Zweiggesellschaften.

- Bilanzen von Tochtergesellschaften, die im konsolidierten Konzernabschluss ausgewiesen werden müssen.

- Gewinne von Tochtergesellschaften (konsolidierte GuV).

- Individuelle Aktiva bzw. Passiva in Fremdwährung.

Das Translationsrisiko ist noch am wenigsten in das Bewusstsein der Unternehmer als Währungsrisiko eingedrungen. Auch Analysten argumentieren teilweise, dass das Translationsrisiko nicht relevant sei, da es sich nicht auf Zahlungsströme bezieht. Anhand des folgenden Beispiels soll die Bedeutung dieses Risikos verdeutlicht werden.

Eine amerikanische Tochtergesellschaft eines deutschen Konzerns hat eine Vermögensposition in US-Dollar in ihrer Bilanz. Am Bilanzstichtag wird diese Vermögensposition aufgrund von Konsolidierungszwecken in Euro umgerechnet, wobei es sich um keine physischen Zahlungsströme handelt. Wertet sich der US-Dollar bis zum Bilanzstichtag ab, dann sinkt der Wert der Vermögensposition, gemessen in US-Dollar. Dies hat Auswirkungen auf die konsolidierte Bilanz, was wiederum Effekte auf die allgemeine Vermögenssituation des Konzerns und somit auch auf den Gewinn und Verlust hat. Daraus wird deutlich, dass es sich bei dem Translationsrisiko um einen nicht zu unterschätzenden Teil des Währungsrisikos handelt.

Der Grad, zu welchem ein Unternehmen dem Translationsrisiko ausgesetzt ist, wird hauptsächlich durch drei Kriterien bestimmt: dem Grad der internationalen Einbindung, der geographischen Lage der Tochtergesellschaften sowie der Bilanzierungsmethode. Der Grad der internationalen Einbindung, die Anzahl von Tochtergesellschaften, spielt dabei sicherlich die entscheidende Rolle. Ein Exporteur, der nur von Deutschland aus operiert, ist keinem Translationsrisiko ausgesetzt. Durch die Anzahl der Tochtergesellschaften erhöht sich auch der Anteil von Finanzberichten, die dem Translationsrisiko ausgesetzt sind.

Der Ort der Tochtergesellschaft kann den Grad des Translationsrisikos ebenfalls beeinflussen. Für einen deutschen Konzern macht es einen Unterschied, ob die Tochtergesellschaften in einem verhältnismäßig stabilen Land operieren oder ob sie in einem eher unstabilen Land ihre Geschäfte betreiben. Es ist sicherlich einfacher, die Wechselkurschwankungen von den USA, Kanada, England oder Schweden zu kontrollieren, als die Schwankungen von Ländern wie Indien, Malaysia oder Süd-Korea. Als letzter Punkt spielt noch die Bilanzierungsmethode eine entscheidende Rolle beim Translationsrisiko.

Es existieren verschiedene Methoden, die Finanzberichte der Tochtergesellschaften in die Konzernberichte zu überführen. Da eine genaue Beschreibung den Rahmen der vorliegenden Arbeit übersteigen würde, sind diese nur kurz aufgeführt:

Current Rate Methode (Closing-Rate Methode)

Die Umrechnung der Bilanzpositionen erfolgt mit den aktuellen Wechselkursen. Die Positionen der GuV werden mit dem Durchschnittskurs der Periode umgerechnet. Dividenden und Eigenkapital werden mit einem historischen Wechselkurs umgerechnet. Oftmals wird hierfür der Kurs zum Zeitpunkt der Zahlung oder des Kaufs herangezogen.

Current / Noncurrent Methode

Die kurzfristigen Aktiva/Passiva werden mit dem gegenwärtigen Wechselkurs umgerechnet. Die langfristigen Aktiva/Passiva werden hingegen mit dem historischen Wechsel-

kurs umgerechnet. Alle Posten der GuV, die den kurzfristigen Aktiva/Passiva entsprechen, werden mit dem Durchschnittskurs der Periode umgerechnet. Alle Posten, die den
langfristigen Aktiva/Passiva entsprechen (z.B. Abschreibungen), werden mit den gleichen
Wechselkursen wie den Bilanzpositionen umgerechnet. Diese Methode wurde in den Vereinigten Staaten bis zur Einführung der neuen Regelungen durch das FASB angewandt.
Nach der Einführung wurden diese verändert und größtenteils die temporale Methode
übernommen.

Temporale Methode

Diese Methode bezieht sich bei der Umrechnung auf den Wechselkurs, der zum Zeitpunkt
der Bewertung der Positionen vorherrschte. Daraus ergibt sich, dass liquide Aktiv- und
Passivposten mit dem gegenwärtigen Wechselkurs, gebundene Aktiv- und Passivposten
mit dem historischen Wechselkurs umgerechnet werden. Die Positionen der GuV werden
mit Durchschnittskursen berechnet. Die Dividenden werden mit dem Kurs umgerechnet,
der zum Zeitpunkt ihrer Zahlung bzw. ihres Kaufs vorherrschte.

Monetäre / nicht-monetäre Methode

Monetäre bzw. liquide Aktiva und Passiva werden mit dem gegenwärtigen Wechselkurs
umgerechnet. Nicht monetäre bzw. gebundene Aktiva und Passiva werden zum historischen Wechselkurs umgerechnet.

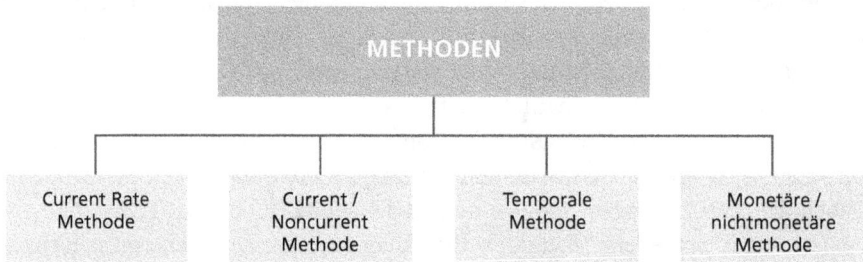

Abb. 6.1: Methoden

7 Externe Kurssicherung

7.1 Grundlagen

7.1.1 Devisenkursnotierung

Der Wechselkurs gibt an, wie viele Einheiten einer Währung A gegen eine Einheit einer Währung B getauscht werden können. Aus der Sicht eines Landes kann man in zwei unterschiedliche Kursnotierungen unterteilen – die Preisnotierung und die Mengennotierung. In Deutschland war es üblich, die Fremdwährung in Preisnotierung darzustellen. Die Preisnotierung DM zu USD lautete dann 1,50 DM/US-Dollar. Um einen Dollar zu bekommen musste man 1,50 DM bezahlen. Nach der Einführung des Euro wurde der europäische Devisenhandel auf die im angloamerikanischen Markt verbreitete Mengennotierung umgestellt. Der Wechselkurs gibt nun die Menge der ausländischen Währung an, die für eine Einheit inländischer Währung zu bezahlen ist. Notiert der US-Dollar beispielsweise zu einem Kurs von 1,2000, sind 1,2000 US-Dollar nötig, um einen Euro zu bezahlen, bzw. erhält man 1,2000 US-Dollar für einen Euro. Die Preisnotierung entspricht dem reziproken Wert der Mengennotierung und umgekehrt. In den Medien findet man oftmals die Schreibweise: EUR/USD 1,2500. Dies bedeutet US-Dollar pro Euro, 1,2500 US-Dollar pro einem Euro.

7.1.2 Kursspanne und Cross-Rates

Je nach Art des Grundgeschäfts kommen verschiedene Kurse zum Tragen. Der Geldkurs ist der Kurs, zu dem die Leitwährung verkauft werden kann, bzw. der Ankaufskurs der Bank. Der Briefkurs ist entsprechend der Kurs, zu dem die Leitwährung gekauft werden kann, bzw. der Verkaufskurs der Bank. Der Interbankenkurs ist jener Kurs, zu dem die Banken untereinander handeln können. Auch Privatpersonen und Firmen können über den Interbankenmarkt handeln. Als handelbaren Kurs wird diesen Teilnehmern der Interbankenkurs zuzüglich einer bestimmten Marge angeboten. In diesem Zusammenhang haben sich folgende Grundmargen herausgebildet:

Einfach gespannter Kurs

▷ Die Marge beträgt in diesem Fall die halbe Kursspanne zwischen Geld- und Briefkurs.

Doppelt gespannter Kurs

▶ Die Marge beträgt in diesem Fall ein Viertel der Kursspanne zwischen Geld- und Briefkurs.

Der US-Dollar ist im Regelfall die „Vertikalwährung", das heißt, dass alle Währungen gegen den US-Dollar gehandelt und quotiert werden. Seit seiner Einführung hat sich der Euro als zweite „Vertikalwährung" etabliert. Bei einigen exotischen Währungen kann es jedoch der Fall sein, dass eine direkte Kursquotierung des Euro zu der exotischen Währung nicht existiert. In diesen Fällen muss die gesuchte Euro-Notierung über den USD-Kurs berechnet werden. Der Kurs, der durch diese Berechnung entsteht, wird als Cross-Rate bezeichnet. Weiteren Gebrauch findet diese Methode, um die Quotierung bzw. den Wechselkurs von beliebigen Währungspaaren zu berechnen (CHF/JPY, AUD/CAD usw.). Diese Methode soll anhand der folgenden zwei Beispiele erläutert werden.

BEISPIEL 1

Gesucht ist der CHF/JPY – berechnet über den Euro

Ausgangswerte	Berechnung
EUR / CHF = 1,5500	Wie viel JPY = 1 CHF, wenn
EUR / JPY = 138,00	1,5500 CHF = 1 EURO, wenn
CHF / JPY = ?	1 EURO = 138,00 JPY

Aus diesem Dreisatz lassen sich die Eurowerte heraus kürzen. Dann ergibt sich:

CHF / JPY   =   138,00 / 1,5500   =   89,03

Für einen Schweizer Franken bekommt man 89,03 Japanische Yen.

Tab. 7.1: Beispielrechnung Nr. 1 für Cross-Rates

BEISPIEL 2

Sie suchen den Kurs EUR/SAR (Saudi-arabische Riyal) – berechnet über den EURO

Ausgangswerte	Berechnung
USD / SAR = 3,75	Wie viel SAR = 1 EURO, wenn
EUR / USD = 1,1860	1 EURO = 1,1860 USD, wenn
EUR / SAR = ?	1 USD = 3,75 SAR

Aus diesem Dreisatz lassen sich die USD-Werte heraus kürzen. Dann ergibt sich:

EUR / SAR = 1,1860 x 3,75 = 4,4475

Für einen EURO bekommt man also 4,4475 Saudi-arabische Riyal.

Tab. 7.2: Beispielrechnung Nr. 2 für Cross-Rates

Es wurden bereits die verschiedenen Kurse bzw. Notierungen beschrieben. Neben diesen existiert noch der Referenzkurs, welcher vor allem für Abrechnungszwecke herangezogen wird. Insbesondere für Umrechnungen von Fremdwährungskrediten und einer Vielzahl von Finanzderivaten wird der Referenzkurs herangezogen. Seit dem Wegfall des amtlichen Devisenkursfixings der Frankfurter Börse wird von der Europäischen Zentralbank einmal pro Tag ein Referenzkurs des Euro gegen die wichtigsten Währungen bekannt gegeben.

7.1.3 Derivate auf Währungen

Ein derivatives Instrument hat immer einen Basiswert, auch Underlying Instrument oder einen Underlying Wert genannt, von dem es seinen eigenen Wert ableitet. Im Fall der Devisenderivate ist dieser Basiswert der Devisenkassakurs. Somit lässt sich sagen, ein Derivat ist immer eine Ableitung auf einen Grundwert. Es wird somit nicht der Grundwert selbst, sondern nur eine Ableitung dessen gehandelt. Diese Ableitung ist in der Preisbildung und in der Preisreaktion abhängig vom Grundwert und somit an diesen gekoppelt.

Es existieren verschiedene Ansätze, um Derivate zu klassifizieren: Über die Handelsplattform, über die Laufzeiten oder über den Zweck (zukunftsbezogen oder auf ein bereits abgeschlossenes Geschäft). Es hat sich jedoch der Ansatz über die Handelsplattform, also entweder über die öffentlichen Börsen oder den *over-the-counter* Markt (OTC), durchgesetzt. Der Umsatz und die Anzahl der Produkte über öffentliche Börsen haben in den letzten Jahren stark zugenommen. Um an den Börsen handelbar zu sein, müssen die Kontrakte jedoch standardisiert werden. Die speziellen Währungsrisiken und die daraus resultierenden Anforderungen der Unternehmen und Marktteilnehmer entsprechen eher selten den standardisierten Kontrakten. Die Kontrakte müssen nach Quantität, zeitlichem Horizont und Ausgestaltung genau auf die Bedürfnisse zugeschnitten sein. Aus diesen Gründen hat sich der OTC Markt als Hauptmarkt für Unternehmen und Konzerne etabliert. Zusammenfassend kann man hier folgendes sagen: die börslich gehandelten Termingeschäfte werden zur schnellen Sicherung von Blockpositionen und zur Spekulation auf eine Preisbewegung genutzt. Will sich ein Investor jedoch in der vollen Individualität seiner Grundgeschäfte absichern, so wird er das OTC Derivat wählen, weil er hierbei die Ausgestaltung individuell für seine Bedürfnisse ausrichten kann.

Der gesamte weltweite Tagesumsatz mit Devisen wuchs seit 2001 um ca. 57% auf über 1,8 Billionen US-Dollar. Um diese Größe zu verdeutlichen: dies entspricht mehr als 10% des Bruttoinlandsproduktes von Italien.

7.2 Devisenkassageschäfte

Das einfachste und unkomplizierteste Geschäft in Zusammenhang mit dem Währungsrisikomanagement ist das Devisenkassageschäft. Unternehmen, die aufgrund von Auslandsaktivitäten Forderungen oder Verbindlichkeiten in Fremdwährung besitzen, können mittels eines Devisenkassageschäfts die Fremdwährungsein- bzw. -ausgänge in die Buchwährung umtauschen. Dies sollte geschehen, wenn Fremdwährungsausgänge nicht durch vorhandene Fremdwährungsreserven gedeckt sind bzw. wenn die Fremdwährung in absehbarer Zeit nicht wieder für Zahlungen in Fremdwährung genutzt werden kann.

Gehandelt werden die Devisenkassageschäfte am Devisenkassamarkt, an welchem der Handel rund um die Uhr stattfindet. Die Standardregelung für die Lieferung und Zahlung des Geschäfts beträgt zwei Werktage nach Abschluss (Spot-Date). Diese Valutastellung von zwei Arbeitstagen ist eine internationale Marktusance, die sich für die Geschäftsabwicklung an den Devisenkassamärkten herausgebildet hat. Auf den Abschluss des Geschäftes folgt somit sofort die Erfüllung.

Für die Anwendung eines Devisenkassageschäfts bestehen verschiedene Möglichkeiten, die im Folgenden erläutert werden sollen.

Einfache Konvertierung
Werden die liquiden Mittel eines Fremdwährungszahlungseingangs in einer anderen Währung benötigt, bietet sich das Devisenkassageschäft als eine einfache Möglichkeit des Umtauschs an. Werden Eingänge hingegen nicht sofort in die Heim- oder Buchwährung umgetauscht, sind sie weiterhin dem Wechselkursrisiko ausgesetzt. Aus diesem Risiko können jedoch auch Chancen erwachsen. Hat ein Investor oft Zahlungsein- bzw. -ausgänge in derselben Währung, so wird er keine Konvertierung vornehmen, da durch die Ein- und Ausgaben ein natürlicher Hedge entsteht. Die Konvertierung würde hier negative Einflüsse (Kosten, Spread, etc.) haben.

Verschiedene Order-Typen („speziell")

Eine *„Stop-Loss"* Order wird eingesetzt, um durch einen ungünstigen Kursverlauf verursachte Verluste zu begrenzen. Die *„Take-Profit"* Order hingegen ist ein Instrument, um Kursgewinne automatisch zu realisieren. Nachteil dieser Orders ist ihre Zugehörigkeit zum Kassamarkt. Werden die Orders ausgeführt, bekommt man in der Kasse den Fremdwährungsbetrag oder muss den Betrag liefern. Oftmals werden die Beträge jedoch zu einer späteren Valuta benötigt. Um die Valuta in die Zukunft zu „verschieben", bietet sich das Instrument des Devisenswap an, welches in einem der folgenden Kapitel noch näher erläutert wird.

Exportgeschäft

Durch ein Kassageschäft lassen sich auch die Zahlungsströme eines Exportgeschäfts absichern. Bei Abschluss des Exportgeschäfts wird in der Fremdwährung ein Fremdwährungskredit aufgenommen. Dieser Betrag wird dann durch ein Devisenkassageschäft in Euro umgetauscht und angelegt. Bei Fälligkeit wird der Fremdwährungskredit durch den Rechnungseingang in Fremdwährung getilgt. Das Wechselkursrisiko wurde somit eliminiert. In den meisten Fällen dürfte sich jedoch ergeben, dass der Kurssicherungseffekt und der Zinsertrag der Euro-Anlage nicht groß genug sind, um den Zinsaufwand des Fremdwährungskredits zu decken. In einzelnen Fällen, in denen ein großer Zinsunterschied zwischen den beteiligten Ländern herrscht, kann diese Möglichkeit in Betracht gezogen werden. Aufgrund der liquiden Märkte und der Zinsparität sollten diese Zinsunterschiede jedoch selten groß, und von sehr geringer Dauer sein. Unsicherheiten wirft dieses Geschäft auf, wenn sich bei Fälligkeit des Fremdwährungskredits der Zahlungseingang verzögert. Dann müsste der Tilgungsbetrag anderweitig beschafft werden, was wiederum Kosten verursachen würde. Auch hier besteht jedoch die Lösungsmöglichkeit durch einen Devisenswap.

Das Risikoprofil einer Strategie des Abwartens und einer Konvertierung bei Geschäftsfälligkeit lässt sich aus der Sicht eines Exporteurs folgendermaßen darstellen:

DEVISENKASSAGESCHÄFT
Kassakurs bei Geschäftsabschluss EUR / USD: 1,2000
▪ Kurs in 6 Monaten: 1,2500 ▶ Verlust von 0,05 US-Dollar pro Euro
▪ Kurs in 6 Monaten: 1,1500 ▶ Gewinn von 0,05 US-Dollar pro Euro

Abb. 7.1: Risikoprofil Devisenkassageschäft

7.3 Klassische Devisentermingeschäfte

Bei dem Devisenkassageschäft handelt es sich faktisch nur um einen Währungstausch. Das Devisentermingeschäft hingegen stellt ein echtes Kurssicherungsinstrument dar. Im Allgemeinen ist damit das Outright-Termingeschäft bzw. Solo-Termingeschäft gemeint. Es handelt sich dabei um ein Termingeschäft ohne Kassagegengeschäft. Auf das Termingeschäft mit Kassagegengeschäft wird im Kapitel Devisenswap genauer eingegangen. Ursprung hat das DTG im Terminhandel an den Rohstoffmärkten. Aufgrund von Schwankungen in den Ernte- und Produktionsmengen mussten die Produzenten oftmals mit starken Preisunsicherheiten leben. Um diesen entgegenzuwirken, vereinbarten die Produzenten mit ihren Abnehmern die Preise bereits im voraus. Aufgrund der Volatilität der Wechselkurse wurde dieses Instrument an den Finanzmärkten eingeführt und sorgte für ein erhebliches Wachstum der Devisenterminmärkte.

Das DTG ist eine Verpflichtung, einen bestimmten Währungsbetrag zu einem bestimmten Zeitpunkt in der Zukunft zu kaufen oder zu verkaufen. Zum Zeitpunkt des Geschäftsabschlusses werden das Währungspaar, der Betrag und die Laufzeit bzw. das Erfüllungsdatum festgelegt. Die Erfüllung findet zu dem vereinbarten Zeitpunkt in der Zukunft statt. Wie bereits in dem Kapitel „Grundlegende Paritätsbeziehungen der Wechselkurse" ausgeführt, errechnet sich der Terminkurs aus dem Kassakurs und einem Auf- bzw. Abschlag (Swapsatz). Wie beim DKG wird auch beim DTG ein Geld- und Briefkurs gestellt. Es existieren zwei verschiedene Quotierungen, die Outright-Quotierung und die Swap-Quotierung. Während bei der Outright-Quotierung der volle Terminkurs angegeben wird (6 Monate EUR/USD 1,2500), quotiert die Swapmethode nur den Aufschlag/ Abschlag (Kassakurs EUR/USD 1,2400, dann 6 Monate EUR/USD +0,0100).

Vorteile des DTG sind die niedrigen Transaktionskosten, die hohe Liquidität und die Simplizität, da nur ein Zahlungsstrom nötig ist. Des Weiteren bietet es eine klare Kalkulationsbasis und eliminiert jedes Wechselkursrisiko. Die Nachteile des Devisentermingeschäfts liegen in der Haupteigenschaft: Es ist ein verpflichtendes Geschäft. Sollte die Geschäftsgrundlage, auf die das Termingeschäft abgeschlossen wurde, wegfallen, muss der Kontrakt trotzdem erfüllt werden. Ein weiterer Nachteil liegt in der Tatsache, dass durch die fixe Absicherung jede Partizipation mit positiven Wechselkursbewegungen eliminiert wird.

Es ergeben sich hauptsächlich drei Möglichkeiten bei Fälligkeit:

- Ausnutzung des Devisentermingeschäfts durch Zahlungseingang/Zahlungsausgang.

- Prolongation: Das DTG kann auf einen späteren Zeitpunkt prolongiert (verschoben) werden. Der Terminkurs wird dabei durch den Auf- bzw. Abschlag für die Prolongationszeitspanne korrigiert.

■ Glattstellung des DTG durch die Ausführung eines Kassagegengeschäfts bei Fälligkeit. Eventuelle positive oder negative Kursentwicklungen führen dann zu einer Belastung oder Gutschrift auf dem Währungskonto.

7.3.1 Einsatzmöglichkeiten

Feste Kalkulationsbasis
Durch die Absicherung mit einem Devisentermingeschäft schafft sich das Unternehmen eine feste Kalkulationsgrundlage und vermeidet Verluste aufgrund von Wechselkursbewegungen. Allerdings wird auch die Partizipationsmöglichkeit an positiven Wechselkursbewegungen eliminiert.

Eindeutige Kurserwartung
Aufgrund von eindeutigen Kurserwartungen kann auf ein DTG als Absicherungsmethode zurückgegriffen werden. Ist ein Exporteur beispielsweise der Meinung, dass sich vom Abschlusszeitpunkt bis zum Erfüllungszeitpunkt die Fremdwährung abwertet, dann wird er die Fremdwährung bereits heute per DTG auf Termin verkaufen. Dies ähnelt in weiten Teilen der Spekulation.

Innerbetriebliche Regelungen
Oftmals existieren in einem Unternehmen innerbetriebliche Regelungen bezüglich der Absicherungsstrategie und des Höchst- bzw. Minimalkurses. Häufig gibt es Regelungen, eine bestimmte Anzahl des Währungsrisikos/Währungsexposures mit Devisentermingeschäften abzusichern, um eine bestimmte Kalkulationsbasis zu erreichen. Andere Bestimmungen regeln den Höchstverlust an einem Geschäft aufgrund von Wechselkursänderungen.

DEVISENTERMINGESCHÄFT

Kassakurs bei Geschäftsabschluss EUR / USD: 1,2000

■ Kurs in 6 Monaten: 1,2500 ▶ kein Verlust

■ Kurs in 6 Monaten: 1,1500 ▶ kein Gewinn

Abb. 7.2: Risikoprofil Devisentermingeschäft

7.3.2 Non-deliverable forwards (NDFs)

Non-deliverable forwards (nicht lieferbare Termingeschäfte) haben sich als beliebtes und effektives Instrument des Währungsrisikomanagements herausgebildet. NDFs kommen zum Einsatz, wenn in einem Land zwar die wirtschaftliche Kraft für internationale Transaktionen vorhanden ist, jedoch Restriktionen oder ein fehlender Terminmarkt den Einsatz von lieferbaren Devisentermingeschäften verhindern. NDFs sind „off-shore" Instrumente, die keine physische Lieferung von Währungen beinhalten, sondern bei Fälligkeit in Form eines Barausgleichs abgerechnet werden. Ein NDF lautet auf einen festen Betrag der nicht frei konvertierbaren Währung, auf ein bestimmtes Fälligkeitsdatum und einen vereinbarten Terminkurs. Bei Geschäftsabschluss wird ein für das Fälligkeitsdatum relevanter Referenzkurs vereinbart. Dieser kann ein von der Zentralbank fixierter Tageskurs oder ein von mehreren Banken veröffentlichter Durchschnittskurs sein. Bei Fälligkeit wird der Referenzkurs mit dem vereinbarten Terminkurs verglichen. Die Differenz muss in der konvertierbaren Währung per Valutatag bezahlt werden. In der nicht konvertierbaren Währung findet keine Zahlung statt.

Bei dem Abschluss eines NDFs sollte auf einen Vertrag zurückgegriffen werden, der sich an die internationalen Bestimmungen der ISDA[1] hält. 89% des weltweiten Markts von non-deliverable forwards wird von fünf Währungen abgedeckt.

Volumen der Top 5 NDF-Kontrakte (Stand 2005)		Anteil am gesamten Markt (US-Dollar 1.021 Billionen)
Koreanischer Won NDF	USD 207 Milliarden	30%
Chilenischer Peso NDF	USD 180 Milliarden	18%
Brasilianischer Real NDF	USD 179 Milliarden	18%
Taiwanesischer Dollar NDF	USD 163 Milliarden	17%
Chinesischer Yuan NDF	USD 68 Milliarden	6%

Abb. 7.3: Anteil der Top 5 NDF-Kontrakte am Weltmarkt

---

[1]   International Swaps and Derivatives Association

Währungsderivate

8 Devisenswaps

Der Devisenswap (Foreign Exchange Swap/FX Swap) wurde bereits in den Kapiteln Devisenkassageschäft und Devisentermingeschäft kurz angesprochen und soll im Folgenden näher erläutert werden. Seit 2005 konnte dieser Markt ein Wachstum von 30% verzeichnen.[2] Die gebräuchlichsten Swaps sind die so genannten „Plain Vanilla" Swaps. Sie werden aufgrund ihrer Standardkomponenten so bezeichnet. Das Swap-Geschäft kann allgemein als ein Tauschgeschäft definiert werden. Das Devisenswapgeschäft ist dabei nicht zu verwechseln mit dem Zins- bzw. Währungsswap (auch Devisenswap genannt) und dessen Variationsmöglichkeiten, auf die später eingegangen wird. Ein Devisenswap besteht aus dem Tausch von zwei Währungen über einen bestimmten Zeitraum. Er besteht grundsätzlich aus dem gleichzeitigen Abschluss eines Devisenkassageschäfts und eines Devisentermingeschäfts in entgegen gesetzter Richtung. Der Währungsbetrag, der über das Kassageschäft verkauft wurde, wird über das Termingeschäft wieder gekauft. Kursbasis für das Termingeschäft ist der aktuelle Kassakurs sowie der Swapsatz für die vereinbarte Swapperiode. Der Swapsatz errechnet sich wie bereits erwähnt über die Zinsdifferenz der Währungen.

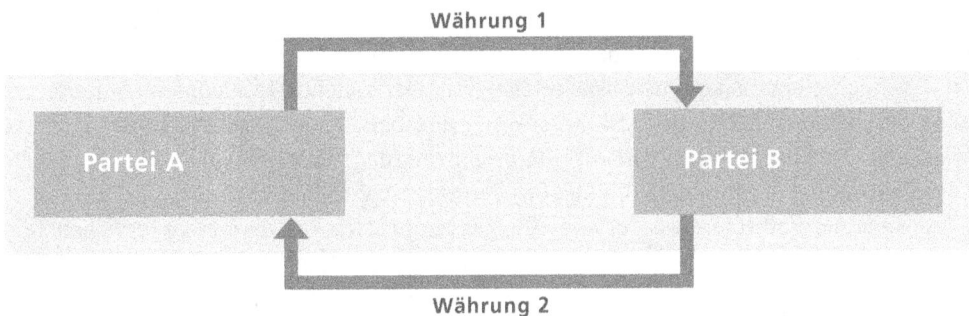

Abb. 8.1: Der Swap

---

2   Quelle: Commerzbank AG ZCM

Es lassen sich folgende Regeln aufstellen:

▣ Wird die höher verzinste Währung abgegeben, also in der Kasse verkauft und auf Termin wieder gekauft, dann erhält man einen Zinsertrag, also einen billigeren Termin- als Kassakurs (Abschlag).

▣ Wird die höher verzinste Währung aufgenommen, also in der Kasse gekauft und auf Termin wieder verkauft, dann erhält man einen Zinsaufwand, also einen teureren Termin- als Kassakurs (Aufschlag).

Der Zinsausgleich der unterschiedlichen Zinsniveaus der Währungen erfolgt bei dem Devisenswap nicht in Form von Zinszahlungen, sondern über den Kursunterschied zwischen Kassa- und Terminkurs (Swapsatz).

▶ EINSATZMÖGLICHKEITEN

Cash-Management

Hält ein Unternehmen Konten in verschiedenen Währungen, kann es durch einen Devisenswap kurzfristig negative Salden ausgleichen und somit teure Sollzinsen umgehen. Der benötigte Fremdwährungsbedarf wird per Kasse gekauft und per Termin, bei erwartetem Fremdwährungseingang, wieder verkauft. Das Wechselkursrisiko wird dadurch ausgeschlossen.

Verlängerung / Vorziehen eines Termingeschäfts

Angenommen, ein Exporteur besitzt ein Termingeschäft über den Verkauf von einer Million US-Dollar mit heutiger Fälligkeit. Der Zahlungseingang verschiebt sich jedoch um einen Monat. Mit Hilfe eines Devisenswaps können die benötigten US-Dollar heute gekauft werden und per Termin bei Zahlungseingang wieder verkauft werden. Auch hier ist das Wechselkursrisiko wieder ausgeschlossen. Der gleiche Mechanismus funktioniert auch bei einem frühzeitigen Zahlungseingang und benötigter Liquidität in der Heimatwährung. Das Unternehmen verkauft die Fremdwährung per Kasse und kauft sie gleichzeitig wieder per Termin bei Fälligkeit des Termingeschäfts zurück.

Es kann der Fall sein, dass der aktuelle Kassakurs stark von dem ursprünglichen Terminkurs bei Abschluss abweicht. Besteht in dieser Situation für ein Unternehmen der Bedarf, ein Termingeschäft zu verlängern, kann dies einen erheblichen Liquiditätsbedarf nach sich ziehen. Das Unternehmen hat unter bestimmten Bedingungen und unter Abstimmung mit seiner Bank die Möglichkeit, einen Swap auf „alter Basis" durchzuführen. Dabei wird für den Swap-Basiskurs nicht die aktuelle Kasse herangezogen, sondern der bei Abschluss des Termingeschäfts vorherrschende Terminkurs.

Limit Orders mit Swap

Wie bereits im Kapitel Devisenkassageschäft ausgeführt, bietet die „Stop-Loss" Order die Möglichkeit, Verluste durch ungünstige Kursbewegungen zu begrenzen. Die „Take-Profit" Order hingegen ist ein Instrument, um Kursgewinne automatisch zu realisieren. Diese Orders allein stellen Instrumente des Kassamarktes dar.

Mit Hilfe eines Swaps kann der Fremdwährungsbetrag, der aus einer Limit Order resultiert, auf den gewünschten Termin getauscht (geswappt) werden.

Eine besondere Form eines Devisenswaps ist der Forward-Forward Swap. Die Kombination von zwei Devisentermingeschäften mit unterschiedlichen Laufzeiten bildet zusammen einen Forward-Forward Swap (Termin-Termin Swap). Dieser kann eingesetzt werden, wenn einem Unternehmen beispielsweise bereits geraume Zeit vor der Fälligkeit des ursprünglichen Devisentermingeschäfts ein Zahlungseingangsaufschub bekannt wird. Das Unternehmen möchte das Termingeschäft bereits heute prolongieren, um Wechselkursrisiken vom heutigen Zeitpunkt bis zur Fälligkeit des Termingeschäfts auszuschließen. Das ursprüngliche Devisentermingeschäft wird durch den kurzen Termin glatt gestellt, und durch den langen Termin wird der Zahlungseingang abgedeckt.

Beispiel Forward-Forward Swap

Ein ursprüngliches Termingeschäft über zwei Monate (t_0 bis t_2). Nach einem Monat (t_1) wird dem Unternehmen ein Zahlungsaufschub um einen Monat mitgeteilt. Das Unternehmen schließt einen Forward-Forward Swap ab, um auf die veränderte Situation zu reagieren.

- – – – – – – – –   Ursprüngliches Termingeschäft
- — — — — —   Kurzer Termin des Swaps
- ·················   Verlängerungszeitraum
- — — — — —   Langer Termin des Swaps

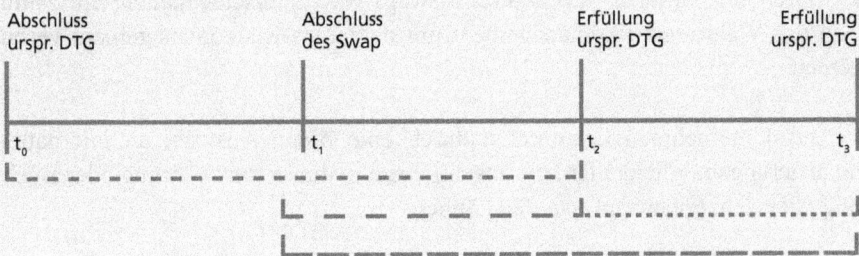

Abschluss urspr. DTG	Abschluss des Swap	Erfüllung urspr. DTG	Erfüllung urspr. DTG
t_0	t_1	t_2	t_3

Abb. 8.2: Beispieltransaktion eines Forward-Forward Swap

8.1 Zins- und Währungsswap

Der Zins- und Währungsswap ist eine Kombination aus einem Devisenswap und einem Zinsswap. Im Allgemeinen hat sich der Begriff Währungsswap durchgesetzt. Weitere Bezeichnungen sind „Cross-Currency Swap", „Cross-Currency Coupon Swap", „Circus Swap" und „Cross-Currency Interest Rate Swap". Gegliedert ist der Währungsswap in drei Transaktionen:

Die Anfangstransaktion, die Zinstransaktion(en) und die Schlusstransaktion. Der Hauptunterschied zum Devisenswap besteht darin, dass neben den Kapitalzahlungen auch Zinszahlungen Bestandteil der Transaktion sind. Die Anfangstransaktion besteht darin, die beiden Kapitalbeträge in den entsprechenden Währungen zu tauschen. Während der Laufzeit des Swaps werden dann die Zinszahlungen gezahlt. Die Schlusstransaktion besteht darin, das zu Beginn getauschte Kapital wieder zurückzutauschen.

Der erste Währungsswap wurde im August 1981 zwischen der Weltbank und IBM abgeschlossen. Dies verdeutlichte die Vorteile dieses Swaps in der Öffentlichkeit und machte ihn schnell zu einem wichtigen Instrument an den Finanzmärkten.

Grundsätzlich haben sich drei Währungsswapvarianten durchgesetzt: Bei der ersten Variante werden auf die Nominalbeträge feste Zinszahlungen in den jeweiligen Währungen getauscht. Die zweite Variante tauscht hingegen variable Zinszahlungen auf Basis eines einheitlichen oder unterschiedlichen Referenzzinssatzes. Ein Tausch von fester gegen variable Zinszahlungen ermöglicht die dritte Variante eines Währungsswaps.

▶ EINSATZMÖGLICHKEITEN

▪ Das Unternehmen ist in der Lage, Fremdwährungs-Zahlungsströme (Cashflows) zu verändern und somit auf die Unternehmenssituation abzustimmen.

▪ Durch die Variante des Währungsswaps mit unterschiedlichen Zinszahlungen kann das Währungsrisikomanagement mit dem Zins-Risikomanagement verbunden werden.

▪ Das Unternehmen bekommt dadurch eine breite Auswahl an internationalen Finanzierungsmöglichkeiten, die anschließend in die Heimatwährung oder Buchwährung getauscht (geswappt) werden können.

Folgendes Schaubild soll die drei Transaktionen des Währungsswaps nochmals verdeutlichen (Euro gegen US-Dollar)

Anfangstransaktion

| Unternehmen | Kapitalbetrag in Euro → | Bank |

Kapitalbetrag in Euro

Kapitalbetrag in US-Dollar

Umgerechnet mit Kassakurs EUR/USD

Zinstransaktion

Kapitalbetrag in Euro x Zinssatz Euroraum
(fest oder flexibel)

Kapitalbetrag in US-Dollar x Zinssatz USA
(fest oder flexibel)

Unternehmen   Bank

Schlusstransaktion

Kapitalbetrag in Euro

Kapitalbetrag in US-Dollar

Umgerechnet mit ursprünglichem Kassakurs EUR/USD

Unternehmen   Bank

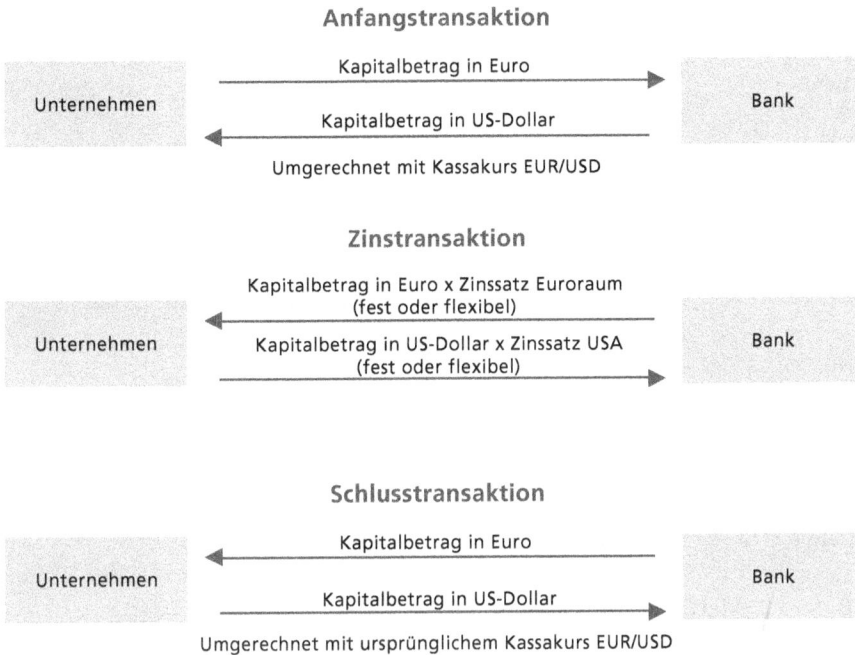

Abb. 8.3: Beispieltransaktion eines Cross-Currency Swap

Eine weitere Form eines Swaps ist der Cocktail Swap. Er kombiniert ebenfalls den Tausch von Zinsen und Währungen ähnlich dem Währungsswap. Allerdings sind bei einem Cocktail Swap oftmals mehrere Währungen, Zinsen und Parteien verbunden, was ihn zu einem hoch komplexen Finanzinstrument macht.

8.2 Komplexe Swaps

Neben den „klassischen" Swaps existieren am Markt auch noch exotische oder komplexe Swaps. Wenn man von diesen spricht, so hat dies immer einen speziellen Hintergrund. Diese Varianten haben meist ein weiteres derivatives Element in sich bzw. sind an verschiedene Grundgegebenheiten geknüpft. Exotische Swaps erfreuen sich einer großen Beliebtheit, da diese flexibel und individuell einzusetzen sind. Nachfolgend einige Beispiele für diese Swaparten:

▷ EXPRESS SWAP EUR/TRY

Ausgangssituation der Überlegung

Es besteht eine Euro Finanzierung

▦ Der Investor erwartet maximal eine leichte Aufwertung des EUR/TRY Wechselkurs.

▦ Der Investor will sein Darlehensportfolio optimieren (Euro-Finanzierung).

Ziele des Investors

▦ Er möchte die Zinsbelastung aus einer EUR-Finanzierung reduzieren.

▦ Sollte seine Markterwartung nicht eintreffen, ist er bereit, eine zusätzliche Zinsbelastung aus diesem Swap zu leisten.

▦ Er ist sich des theoretisch unbegrenzten Verlustrisikos bewusst.

▦ Alle Zahlungen sollen in EUR stattfinden.

Swap Aufbau

▦ Der Swap Investor zahlt am Ende der Laufzeit einen Zinssatz in Abhängigkeit vom
EUR/TRY Wechselkurs.

▦ Die Gegenpartei (Bank) zahlt einen Zinssatz in Abhängigkeit vom EUR/TRY Wechselkurs.

Investorensicht

Der Investor empfängt einmalig einen der folgenden Zinssätze

▦ 5,00% / 10,00% / 15,00% / 20,00% / 25,00% / 30,00% des Nominalbetrages, falls der
EUR/TRY Wechselkurs am jeweiligen Fälligkeitstag den Strike von 2,4000 TRY/EUR
unterschreitet oder genau auf diesem liegt.

▦ Ist eine Zinszahlung an ihn geleistet worden, so erlischt der Swap.

- Im Gegenzug zahlt er 0,00% des Nominalbetrages.

- Sobald der EUR/TRY-Wechselkurs am Fälligkeitstag unterhalb oder genau am Strike von 2,4000 festgestellt wird, erzielt er einen Ertrag aus dem Swap.

- Hierbei gilt: Wird der EUR/TRY-Kurs oberhalb des vereinbarten „Strikes" am jeweiligen Fälligkeitstag (z.B. nach 6, 12, 18, 24, 30 und 36 Monaten) festgestellt, erhält er keine Zahlung und der Swap besteht weiterhin.

- Notiert der EUR/TRY Wechselkurs auch nach Ende der letzten Periode am Fälligkeitstag oberhalb des Strikes von 2,4000, so leistet er eine Zahlung nach folgender Formel:

  Nominalbetrag x (EUR/TRY Wechselkurs am Fälligkeitstag - 2,4000)/2,4000

- Somit entsteht für ihn ein Aufwand aus dem Swap, falls der EUR/TRY-Wechselkurs oberhalb von 2,4000 an allen Fälligkeitstagen festgestellt wird.

- Bei einem an allen Fälligkeitstagen über dem Strike notierenden EUR/TRY-Wechselkurs besteht für ihn ein theoretisch unbegrenztes Zinsrisiko.

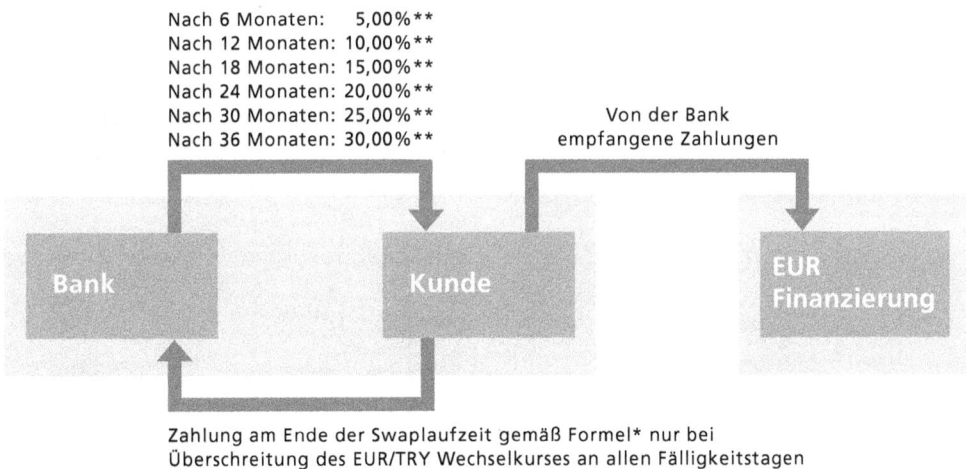

Nach 6 Monaten: 5,00%**
Nach 12 Monaten: 10,00%**
Nach 18 Monaten: 15,00%**
Nach 24 Monaten: 20,00%**
Nach 30 Monaten: 25,00%**
Nach 36 Monaten: 30,00%**

Von der Bank
empfangene Zahlungen

Bank   Kunde   EUR
Finanzierung

Zahlung am Ende der Swaplaufzeit gemäß Formel* nur bei
Überschreitung des EUR/TRY Wechselkurses an allen Fälligkeitstagen

* Formel:
Nominalbetrag x ((EUR/TRY am letzten Fälligkeitstag - 2,4000)/2,4000)

** des Nominalbetrages bei Unterschreitung des Strikes oder Feststellung genau auf dem Strike von EUR/TRY 2,4000, sofern an keinem vorherigen Fälligkeitstag eine Zinszahlung an Sie geleistet wurde.

Quelle: Commerzbank AG

Abb. 8.4: EUR/TRY Swap

Zahlungsaustausch

Wie wir am obigen Swap Konstrukt sehen, ist es wichtig, eine Einschätzung zur Währungslage zu haben. Nachfolgend zeigen wir die Entwicklung des EUR/TRY Wechselkurses bis zum 31.3.2008 auf. Hier wird deutlich, dass die 2,40-Marke bisher nicht getroffen wurde. Somit kann man versuchen, eine Aussage über die Risikoqualität des Swaps zu treffen.

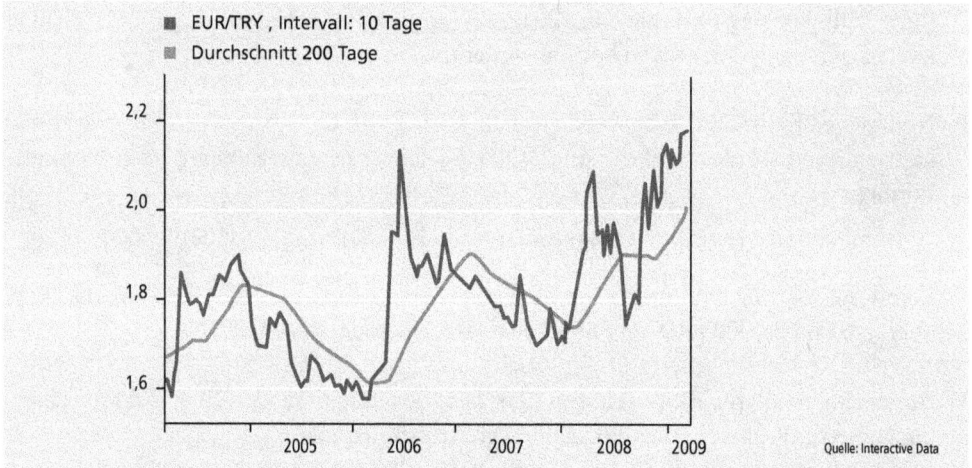

Abb. 8.5: Währungschart EUR/TRY inkl. 200 Tage Durchschnitt

Wechselkursanalyse

Einer solchen Swaptransaktion muss stets eine Wechselkursanalyse vorausgehen. In dieser sollten „Stresstests" eingebunden werden. Denn gerade Währungen können massiven und teilweise nur sehr schwer deutbaren Schwankungen unterliegen.

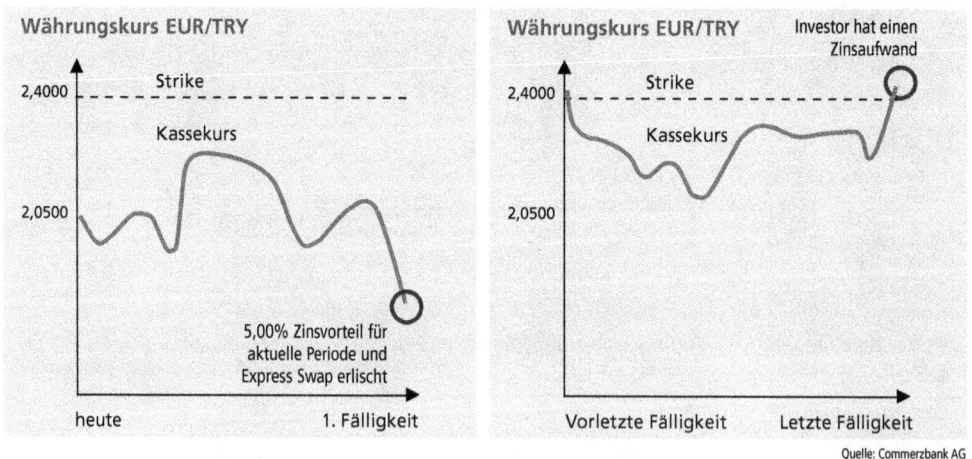

Abb. 8.6: Mögliche Zinszahlungen

Um die obige Grafik etwas greifbarer zu machen, haben wir diese in ein Zahlenbeispiel übertragen. Hierbei wählten wir einen Beispielbetrag von nominal 1 Mio. Euro als Swap-grundlage.

Strike EUR/TRY:	2,4000				
Nominal in EUR	1.000.000				
Investor erhält % des Nominals*:	30,00				
Ihre Zahlung* (Formel)	Nominal x ((EUR/TRY Kurs - Strike)/Strike)				
EUR/TRY Kurs:	2,0000	2,3900	2,4000	2,5000	2,9000
Investor erhält % des Nominals:	30,00	30,00	30,00	0,00	0,00
Investor bezahlt % des Nominals:	0,00	0,00	0,00	4,17	20,83
Vorteil/Nachteil in %	30,00	30,00	30,00	-4,17	-20,83
Summe in EUR	300.000	300.000	300.000	-41.667	-208.333

* Falls der EUR/TRY Wechselkurs in den voran gegangenen Perioden an den Fälligkeitstagen nicht unter / genau auf 2,4000 notiert hat.

Am obigen Beispiel erkennt man deutlich den Zinsvorteil bis 2,40 EUR/TRY, erkennt jedoch auch sofort, welcher Nachteil (zusätzlicher Zinsaufwand) ab 2,40 EUR/TRY entsteht.

Second Chance Swap

Die Ausgangssituation für diese Art von exotischen Swaps ist

- Der Investor möchten seine Zinsbelastungen aus diversen EUR-Finanzierungen reduzieren.

- Er möchte von der Einschätzung profitieren, dass sich der 12-Monats-Euribor während der Laufzeit innerhalb eines vorab definierten Korridors bewegt.

- Er ist bereit, im Worst-Case eine höhere Zinsbelastung in Kauf zu nehmen.

Struktur eines Second Chance Swap

Der Investor bezahlt entweder einen

■ Best Chance, Second Chance oder Worst Case Zinssatz. Dieser ist abhängig davon, ob der 12 Monats-EURIBOR innerhalb oder außerhalb der vereinbarten Korridore gefixt wird oder nicht.

■ Der Gegenpart (Bank) bezahlt über die gesamte Laufzeit einen variablen Geldmarktzinssatz.

Funktionsweise

■ Der Investor erhält an den jeweiligen Zahlungsterminen einen Festsatz.

■ Im Gegenzug zahlt er den „Best Case"-Zinssatz von 3,20% p.a., sollte der Referenzzinssatz (bspw. 12-Monats-EURIBOR) an keinem Bankarbeitstag der jeweiligen Zinsperiode außerhalb des vereinbarten Korridors I festgestellt werden.

■ Sollte der Referenzzinssatz an einem Bankarbeitstag außerhalb des Korridors I und innerhalb des Korridors II der betreffenden Zinsperiode gefixt werden, zahlt er den „Second Chance" Zins von 3,70% p.a.

■ Sollte der Referenzzinssatz an einem Bankarbeitstag außerhalb des Korridors II der betreffenden Zinsperiode gefixt werden, zahlt er den „Worst Case" Zins von 6,70% p.a.

■ Somit erzielt er für eine Zinsperiode einen Vorteil aus dem Swap, wenn der 12-Monats-EURIBOR die Grenzen der Korridore weder über- noch unterschreitet.

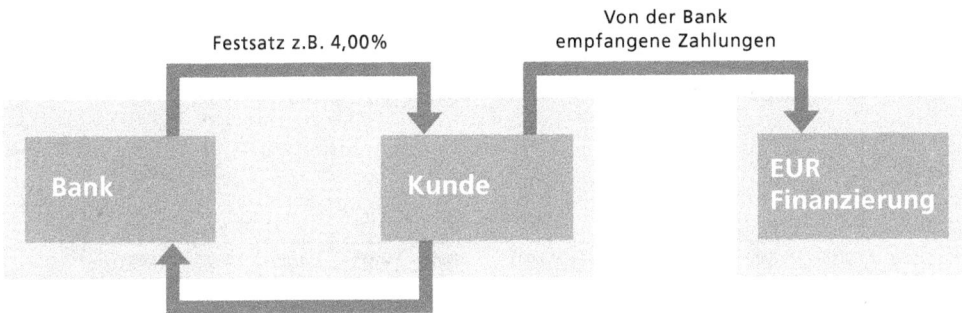

- **„Best Case"-Zinssatz = 3,20% p.a.**, wenn der Referenzzinssatz an jedem Tag der Zinsperiode innerhalb des Korridors I (3,60% - 5,00%) festgestellt wurde

- **„Second Chance"-Zinssatz = 3,70% p.a.**, wenn der Referenzzinssatz Korridor I an einem Tag nach unten verlässt und an allen weiteren Tagen der Zinsperiode innerhalb des Korridors II (3,10% - 5,00%) festgestellt wurde

- **„Worst Case"-Zinssatz = 6,70% p.a.**, wenn der Referenzzinssatz Korridor II an einem Tag der Zinsperiode verlässt

Quelle: Commerzbank AG

Abb. 8.7: Zahlungsströme des Swaps

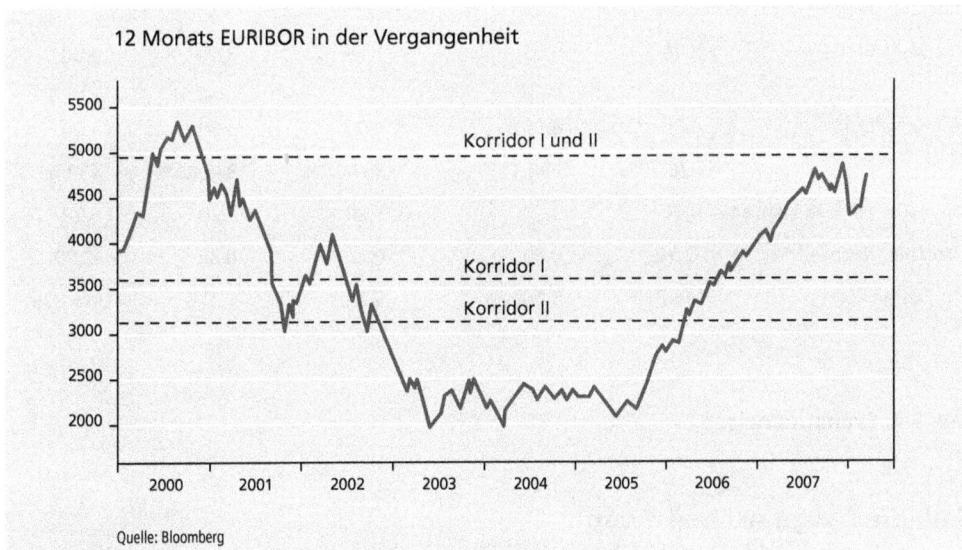

Abb. 8.8: Referenzzinssatz inkl. Korridore

EURIBOR 3 MONATE
1,640% ▸ +0,00 +0,00% | außerbörslich Deutschland | 13.03.09 11:35:02
■ EURIBOR 12 MONATE (EUR)

200%
160%
120%
80%
40%

1999 2000 2001 2002 2003 2004 2005 2006 2007 2008

Quelle: Interactive Data

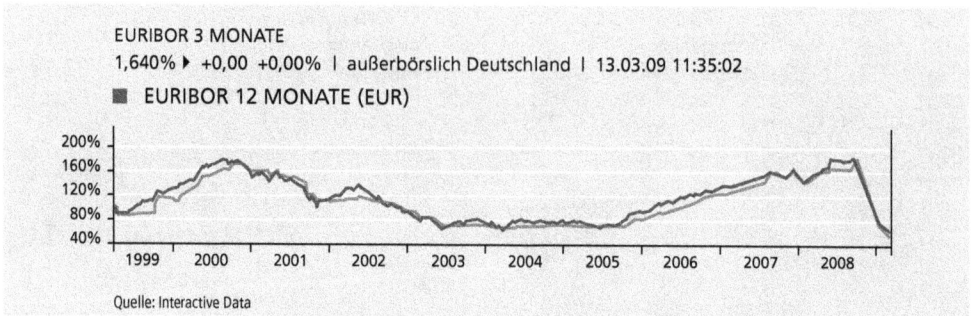

Abb 8.9: 3- und 12-Mon.-EURIBOR

Best Case*:	3,20	Nominal:			2.500.000	
Second Chance*:	3,70	12-M-EURIBOR*:			4,75	
Worst Case*:	6,70	3-M-EURIBOR*:			4,74	
Korridor I in %:	3,60	5,00				
Korridor II in %:	3,10	5,00				
	3,10	5,00				
12-M-EURIBOR*	5,15	4,85	3,75	3,50	3,00	
Sie erhalten*	4,00	4,00	4,00	4,00	4,00	
	276,70%	290,10%	357,60%	378,86%	432,00%	
Investor zahlt je Fixing*	6,70	3,20	3,20	3,70	6,70	
Vorteil / Nachteil*	-2,70	0,80	0,80	0,30	-2,70	
In EUR je Fixing	-16.875	5.000	5.000	1.875	-16.875	

* in % p.a.

Tab. 8.2: Szenarioanalyse

Callable Range Accrual Swap

Accrual Swaps sind Swaps, bei denen die Zinsen auf einer Seite nur dann anfallen, wenn sich der variable Referenzzinssatz in einem bestimmten Bereich befindet. Dieser Bereich bleibt während der gesamten Laufzeit des Swaps konstant oder er wird in regelmäßigen Abständen neu festgelegt.

Man spricht immer dann von einem Callable Swap, wenn es sich um einen kündbaren Swap handelt. Das Kündigungsrecht in unserem Beispiel liegt bei der Bank und ist einseitig gehalten.

Ausgangssituation für den Investor in unserem Beispiel

- Er will die Zinszahlungen seines Darlehensportfolios optimieren.

- Er ist bereit, hierfür begrenzte Risiken einzugehen.

- Er ist der Meinung, dass sich der 10-y-Swapsatz in den nächsten 3 Jahren nicht zu stark verändert.

Struktur eines Callable Range Accrual Swap

Der Investor bezahlt einen Festsatz. Die Bank (Gegenpart) zahlt an den Tagen, an denen sich der Referenzzinssatz in einer bestimmten Bandbreite befindet, einen höheren Festsatz. Die Bank hat ein Kündigungsrecht (nach 3 Monaten; vierteljährlich).

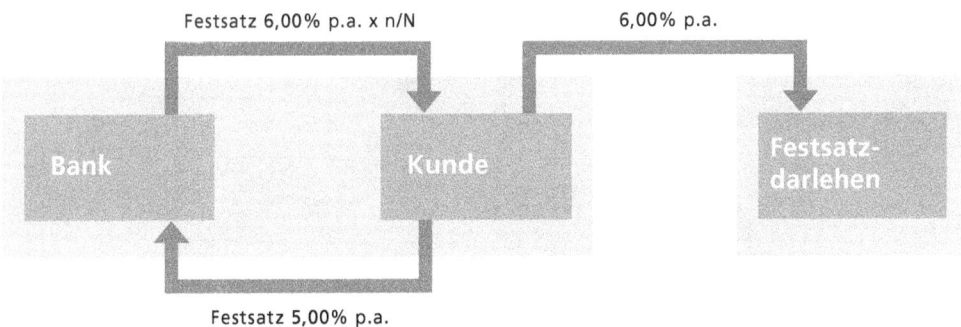

Festsatz 6,00% p.a. x n/N   6,00% p.a.

Bank   Kunde   Festsatz-darlehen

Festsatz 5,00% p.a.

Bandbreite: 3,50% p.a. - 5,15% p.a.
10-Jahres-Swapsatz aktuell: 4,43% p.a.
n = Anzahl der Tage, an denen 10-Jahres-Swapsatz innerhalb bzw. an Bandbreite notiert
N = Anzahl Gesamttage des Geschäfts
Die Bank hat ein einseitiges vierteljährliches Kündigungsrecht, erstmalig nach 3 Monaten

Quelle: Commerzbank AG

Abb. 8.10: Zahlungsströme des Swaps

Tage in bzw. an der Bandbreite	360	180	60
Referenzzinssatz der Bandbreite	10-Jahres-Swapsatz		
Grundgeschäft			
- Festsatz	6,00%	6,00%	6,00%
Swapgeschäft			
- reduzierter Festsatz	5,00%	5,00%	5,00%
+ Festsatz der Bank, abh. von Tagen in Bandbreite (6,00% p.a. x n/N)	6,00%	3,00%	1,00%
Satz des Investors	5,00%	8,00%	10,00%

Tab. 8.3: Szenarioanalyse

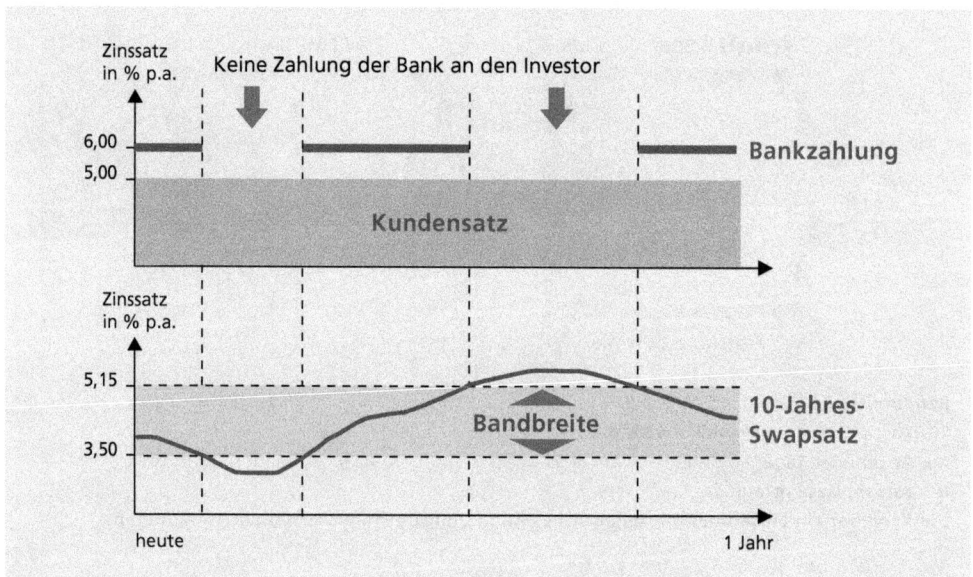

Abb. 8.11: Liquiditätsfluss inkl. 10-Jahres-Swapsatz

Chancen / Risikoprofil eines solchen Swaps

Chancen

- Kalkulationssicherheit durch einen Maximalzins

- starke Partizipation an einer Seitwärtsbewegung des Referenzzinssatzes

- Hohe Flexibilität durch die Trennung von Liquidität und Zinsderivat

- Bei vorzeitiger Auflösung kann ein Auflösungsgewinn entstehen

- Möglichkeit einer Zinsreduktion

Risiken

- Möglichkeit höherer Zinskosten

- Kündigung durch die Bank nach 3 Monaten ist vierteljährlich möglich

- Wegfall des zugrunde liegenden Kredits (Grundgeschäft) führt nicht zu einer automatischen Beendigung des Swaps

- Bei vorzeitiger Auflösung kann ein Auflösungsverlust entstehen

FX Linked Knockout Swap

Der Investor hat folgende Ausgangssituation seiner Überlegung zugrunde gelegt

- Er geht davon aus, dass der US-Dollar sich seitwärts oder negativ entwickelt (tendenziell weiterhin über 1,40 zum Euro).

- Er möchte sein bestehendes Darlehensportfolio bzw. die Zinsbelastung hieraus optimieren.

Struktur des Swaps

- Der Investor bezahlt den 3 Monats Euribor zzgl. eines Aufschlages, der vom EUR/USD Wechselkurs abhängig ist. Im „Best Case" ist dieser Aufschlag 0% p.a.

- Die Bank (Gegenpart) bezahlt den 3-Monats Euribor zzgl. eines Aufschlags von 1% p.a.

Die Funktionsweise im Detail

- Der Investor empfängt einen 3-Monats-EURIBOR zzgl. 1,0% p.a.

- Im Gegenzug zahlt er den 3-Monats-EURIBOR zzgl. eines Aufschlages, der jedoch in Abhängigkeit vom EUR/USD-Kurs berechnet wird (siehe Formel).

- Hierbei gilt: Wird der EUR/USD-Kurs oberhalb des vereinbarten „Strikes" festgestellt, zahlen er keinen Aufschlag und erhält somit den „Best Case", d.h. er erzieht einen Ertrag von 1,0% p.a. aus dem Swap.

- Wenn die obere KO Grenze innerhalb der Knockout Periode erreicht oder überschritten wird, gilt dieser „Best Case" für die gesamte Restlaufzeit des Swaps.

- Bereits bei Feststellung des EUR/USD-Kurs zwischen dem Strike von 1,3600 und 1,3465 (Break Even), erzielt er einen Ertrag aus dem Swap.

- Sofern der EUR/USD-Kurs während der Laufzeit nicht die Knockout-Grenze berührt und an den Fälligkeitsterminen unterhalb des „Break Even" notiert, entsteht für ihn ein Zinsverlust aus dem Swap.

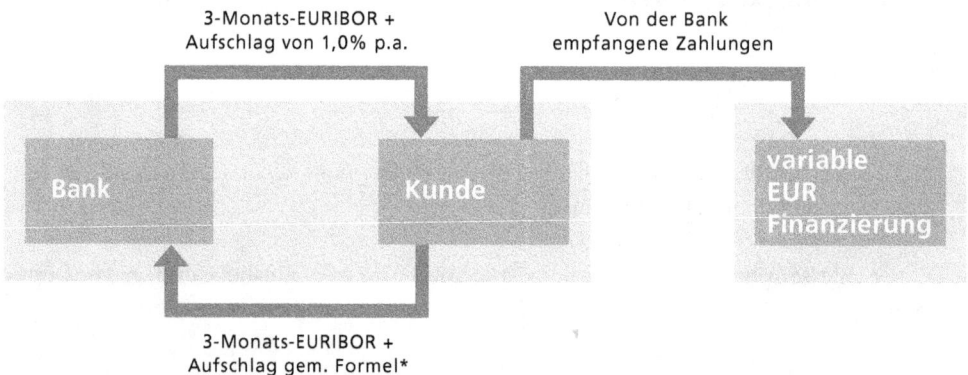

3-Monats-EURIBOR +
Aufschlag von 1,0% p.a.

Von der Bank
empfangene Zahlungen

Bank

Kunde

variable
EUR
Finanzierung

3-Monats-EURIBOR +
Aufschlag gem. Formel*

*Formel
3-Monats-EURIBOR + [100% x ((1,3600 - EUR/USD-Kurs)/EUR/USD Kurs); min. Null]

Best Case = Aufschlag beträgt 0% p.a. und der Investor erzielt einen Ertrag von 1% aus dem Swap.
Die Finanzierungskosten reduzieren sich folglich.

Quelle: Commerzbank AG

Abb. 8.12: Zahlungsströme aus diesem Swap

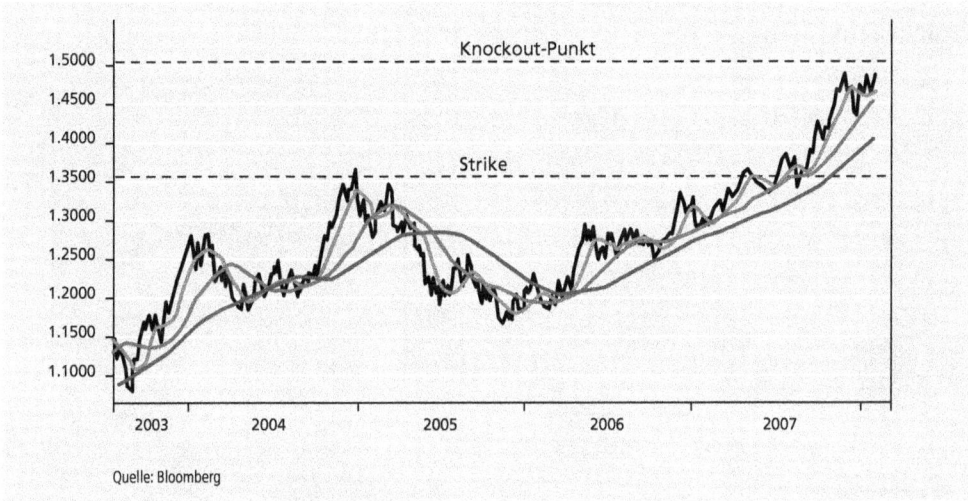

Abb. 8.13: Betrachtung der Swap-Parameter

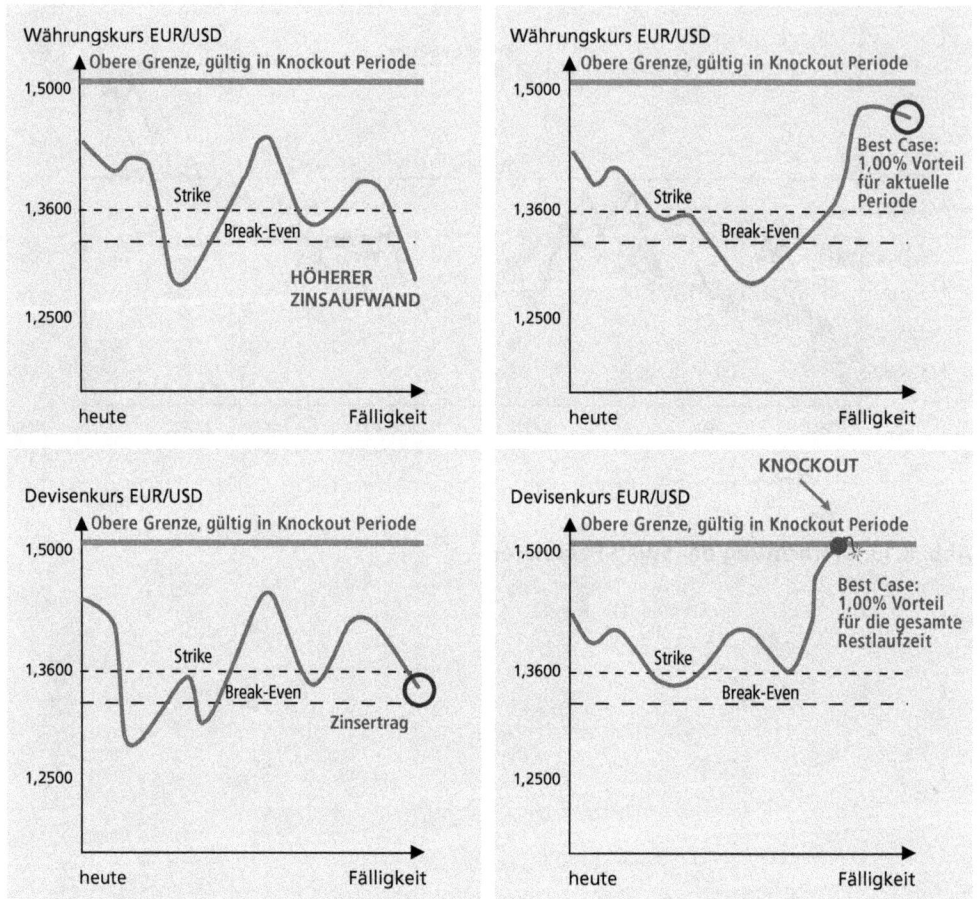

Abb. 8.14: Analyse der Währungskursentwicklung

Strike:	1,5535				
Knockout Grenze*:	1,5000				
Bank Aufschlag:	1,00%				
Formel:	3-Monats EURIBOR + [(100% x ((1,3600 - EUR/USD-Kurs)/EUR/USD-Kurs)); min. 0%]				
EUR/USD Kurs:	1,1000	1,3000	1,3465	1,3700	1,6000
Investor zahlt Aufschlag	23,64%	4,62%	1,00%	0,00%	0,00%
Investor empfängt Aufschlag	1,00%	1,00%	1,00%	1,00%	1,00%
Vorteil/Nachteil	-22,64%	-3,62%	0,00%	1,00%	1,00%

Tab. 8.4: Szenarioanalyse

▸▸ Abschließende Würdigung der „exotischen" Swapvarianten

Die oben aufgezeigten Möglichkeiten zeigen ein kleines Spektrum von Varianten, welche im Bereich der exotischen Swaps möglich sind. Wir haben mit den oben genannten versucht, das breite Spektrum darzustellen und deren Möglichkeiten, Chancen und Risiken aufzuzeigen.

Confirmations

Eine Confirmation ist die einem Swap zugrunde liegende rechtskräftige Vereinbarung, die von den Vertretern beider vertragsschließenden Parteien unterschrieben werden muss. Die International Swaps and Derivatives Association (ISDA) in New York hat die Erstellung dieser Confirmations erleichtert. Mit ihrer Hilfe wurde eine Reihe von Rahmenvereinbarungen erarbeitet (sog. Master Agreements), welche i.d.R. alle vertragsrelevanten Daten beinhalten. Nachfolgend haben wir eine Swap-Confirmation beispielhaft dargestellt:

Abschlusstag	02.05.2008
Zeitpunkt des Inkrafttretens	02.05.2008
Geschäftstagkonvention	nächster Geschäftstag
Feiertagskalender	US
Endtag	05.05.2010
Zahler des Swaps	Muster AG, Musterstadt
Nominalbetrag für den Festzinssatz	1.000.000 EUR in Worten: eine Million Euro
Festzinssatz	5,000% per annum
Festzins-Tagzählungskonvention	Actual / 365
Festzins-Zahltermine*	5. März, 5. September, beginnend am 05. September 2008
Zahler variabler Zinssatz	XY Bank AG, Frankfurt
Variabler Zinssatz	6 Monats USD Libor Satz
Tageszählungskonvention für den variablen Zinssatz	Actual / 360
Zahlungstermine variabler Zinssatz*	5. März, 5. September, beginnend am 05. September 2008

* Ist ein angesprochener Tag ein Sonn- oder Feiertag, so gilt der nächste Bankarbeitstag als Erfüllungstag.

Tab. 8.5: Swap-Confirmation

8.3 Swaption

Die Swaption ist eine Option auf einen Swap. Mit dem Kauf einer Swaption erhält der Käufer das Recht (nicht aber die Pflicht), an oder bis zu einem bestimmten Termin mit der Gegenpartei in eine bereits heute definierte Swap-Transaktion einzutreten. Eine Payer-Swaption, gleichzusetzen mit einer Call Option, gibt dem Käufer das Recht, einen Swap einzugehen, bei dem er den fixen Anteil (Festzins) zahlt. Eine Receiver-Swaption hingegen gibt dem Käufer das Recht, einen Swap einzugehen, bei dem er den fixen Anteil (Festzins) bekommt.

Folgende Termini muss bei einer Swaption vereinbart werden:

▪ Laufzeit der Option und des Swap

▪ Währung

▪ Basispreis

▪ Nominale

- Payer und Receiver

- Zinsusance

- Zahlungsfrequenz

- Art des Settlement

Die Swaption bietet die Möglichkeit, sich per Optionsrecht einen evt. benötigten Swap bereits im Vorfeld zu sichern. Diese Art von Geschäften wird abgeschlossen, wenn ein konkretes Grundgeschäft noch nicht vorhanden ist, sich aber andeutet, und die Befürchtung besteht, dass sich die Konditionen verschlechtern können. Dafür ist der Long Investor bereit, dem Short Investor eine Prämie zu bezahlen, welche im Falle einer Nichtausübung als Verlust verbucht werden muss. Der Stillhalter geht mit der Prämieneinnahme die Verpflichtung zur Bildung der Gegenseite des Swaps ein.

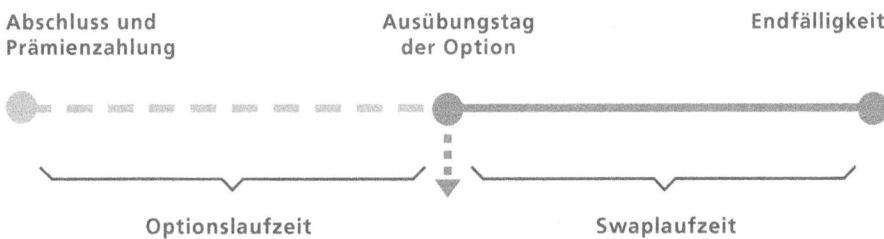

Abb. 8.15: Swaption

Es besteht bei einer Swaption auch die Möglichkeit, dass diese nicht durch einen Swap beliefert, sondern ein Cash Settlement stattfindet. Hierbei wird anstatt der Swaplieferung der Differenzbetrag (Vergütung des Marktwertes) in bar verrechnet.

Grundsätzlich unterscheidet man zwischen drei verschiedenen Arten, wann eine Swaption ausgeübt werden kann:

Amerikanisch Die Ausübung kann während der Laufzeit immer erfolgen

Europäisch Die Ausübung kann nur zum Ende der Laufzeit erfolgen

Bermuda Die Ausübung kann während einer im Vorhinein festgelegten Frist erfolgen.

Man spricht von einer *Receiver* oder *Call Swaption*, wenn der Käufer das Recht hat, im Swap (nach der Ausübung der Swaption) den festen Zinssatz zu empfangen. Man spricht von einer *Payer Swaption* oder auch *Put Swaption*, wenn der Käufer der Swaption, nach deren Ausübung, die variable Verzinsung erhält und den Festzins im Swap bezahlt.

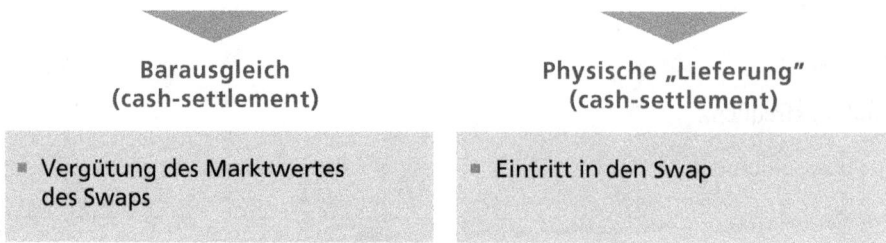

Abb. 8.16: Möglichkeiten des Settlement bei einer Swaption

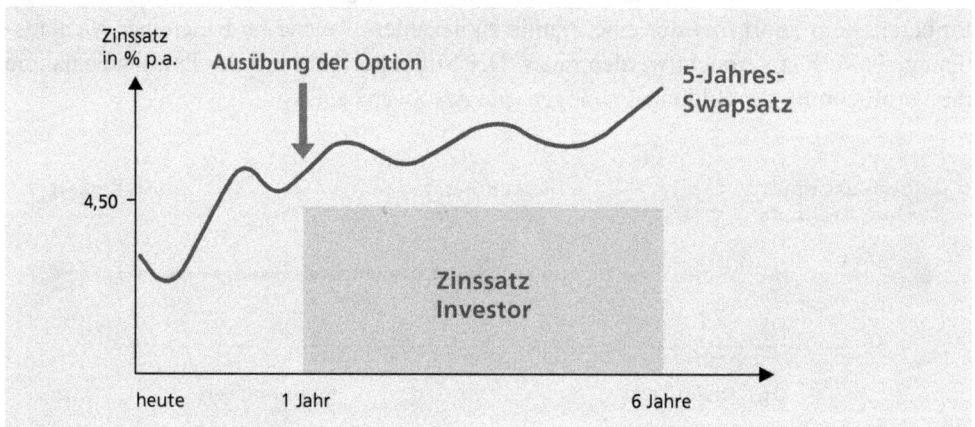

Abb. 8.17: Zinsanalyse einer Swaption

9 Devisenfutures

In den vorangegangen Kapiteln wurden Devisenkassageschäfte und Devisentermingeschäfte sowie deren Kombination in Swapgeschäften erläutert. Ein weiteres Kurssicherungsinstrument ist der Devisenfuture, bzw. Währungsfuture. Die Devisenfuturekontrakte sind ursprünglich aus den, damals klassischen, Termingeschäften entwickelt worden. Daher ergeben sich einige gleiche Merkmale, jedoch auch einige Unterschiede. Grundsätzlich kann gesagt werden, dass es sich bei einem Devisenfutures um ein standardisiertes DTG handelt. Grund für die Entstehung von Futureskontrakten war die nicht wettbewerbsorientierte Preisgebung sowie Intransparenz bei Devisentermingeschäften. Als erster Handelsplatz führte die Chicago Mercantile Exchange (CME), nach dem Scheitern des Bretton-Woods-Agreements, Futureskontrakte auf Währungen ein. Die heutigen modernen Finanzmärkte wären ohne Future Märkte nicht mehr denkbar. Wie bereits ausgeführt, werden DTG nicht gehandelt, sondern über den OTC-Markt initiiert und meist bis zur Fälligkeit gehalten. Im Gegensatz dazu werden Futureskontrakte an organisierten Börsen gehandelt. Daher ergeben sich die Preise nicht wie bei einem DTG zwischen zwei beteiligten Parteien, sondern über die Nachfrage und das Angebot nach einem bestimmten Futureskontrakt. Um an der Börse handelbar zu sein, muss der Kontrakt bestimmte standardisierte Bedingungen erfüllen. Neben dem Volumen des Kontrakts ist auch die Laufzeit und somit die Fälligkeit standardisiert. Der Handel wird meistens zwei Tage vor Fälligkeit beendet. Die Erfüllung des Geschäfts erfolgt, wie bei den meisten Devisentransaktionen, zwei Werktage nach dem Fälligkeitsdatum. Eine der Haupteigenschaften eines Futureskontrakts sind die täglichen Ausgleichzahlungen der Gewinne bzw. Verluste. Diese täglichen Zahlungsströme werden als „Mark-to-Market Cash Flows" oder als Variation Margin bezeichnet. Diese basieren auf dem Abrechnungspreis (Settlement Price), der mit dem täglichen Schlusskurs gleichzusetzen ist. Bisher wurde angenommen, dass die Futureskontrakte bis zur Fälligkeit gehalten werden. Dies ist jedoch nur selten der Fall. Verkauft ein Investor den Futureskontrakt, werden die „Mark-to-Market" Zahlungsströme zwischen den beiden Handelsparteien aufgeteilt. Ab dem Zeitpunkt des Verkaufs übernimmt der neue Inhaber sämtliche Verpflichtungen des Kontrakts. Dieser Mechanismus der täglichen Ausgleichszahlungsströme ist der Hauptunterschied zwischen einem Devisentermingeschäft und einem Währungsfuture.

Um einen reibungslosen Ablauf dieser Zahlungsströme zu gewährleisten, legt die Clearing Gesellschaft eine definierte Initial Margin, auch Sicherheitsleistung genannt, fest. Diese Initial Margin muss jeder Investor hinterlegen, um ein Termingeschäft abwickeln zu können. Der Hintergrund für die Margin liegt in der Tatsache, dass diese alle theoretischen Verluste an einem Tag abdecken sollen. Somit wird der theoretische Glattstellungsverlust bis zum nächsten Börsentag abgesichert. Wie bereits ausgeführt wurde, führt eine vorteilhafte Kursbewegung zu einem Zahlungseingang und eine gegenläufige Kursbewegung zu einem Zahlungsausgang. Kann ein Investor die von ihm geforderte Sicherheit nicht mehr leisten, so ergeht ein Margin Call (ein formelles Schreiben), dass er diese Sicherheitenstellung unverzüglich zu stellen hat, sonst werden seine Positionen zwangsliquidiert. Bevor eine solche Maßnahme ergriffen wird, wird der Investor jedoch nochmals über die Thematik bzw. die entstandenen Verluste informiert.

Man kann zusammenfassen, dass die Initial Margin als Grundlage für die Geschäfte gilt und die Variation Margin den täglichen Gewinn- und Verlustausgleich sichert, um eine Akkumulierung von Gewinnen bzw. Verlusten zu verhindern. Durch diese Buchung entsteht aus der Futuresposition eine Cash Flow Systematik.

Aus dem soeben beschriebenen Kontext lässt sich ein weiterer Unterschied und gleichzeitiger Vorteil des Währungsfutures im Gegensatz zum DTG schlussfolgern. Dies ist die jederzeit mögliche Handelbarkeit der Kontrakte.

Abschließend sei noch festzuhalten, dass bei perfekter Zinsparität folgender Zusammenhang gegeben ist: Der Preis eines Futureskontrakts mit einem bestimmten Lieferdatum und der Preis eines Termingeschäftes mit dem gleichen Lieferdatum entsprechen einander.

9.1 Einsatzmöglichkeiten von Devisenfutures

Im obigen Kapitel wurden die Devisenfutures von der theoretischen Seite erklärt. Doch wann setzt man solche Devisenfutures ein? Eine Frage, welche nicht einfach in zwei Sätzen zu beantworten ist, sondern welche einen Blick auf die Bedürfnisse der Investoren erforderlich macht.

9.1.1 Spekulant

Der Spekulant setzt Devisenfutures ein, weil er auf eine isolierte Preisbewegung setzt. Er hat kein Absicherungsinteresse, sondern will rein aus der Spekulation einen Gewinn machen. Dafür nimmt er das Risiko auf sich, dass die Spekulation nicht aufgeht und er einen Verlust erleidet. Durch diese Bereitschaft sichern Spekulanten sehr viel Liquidität im Markt und tragen daher auch zur „Marktpflege" bei. Devisenspekulanten sind meist große internationale Institute, welche durch diese Spekulation eine Erhöhung des Handelsergebnisses erreichen wollen. Ebenfalls können diese große klassische Investoren sein. Sie spekulieren ebenfalls aktiv auf eine Marktbewegung und erhoffen sich, dadurch zusätzliche Einnahmen zu generieren. Nachfolgend sehen wir den Chart EUR/CHF. Hierbei kann man erkennen, dass durch die Schwankungsintensität viel Platz zur aktiven Spekulation gegeben ist.

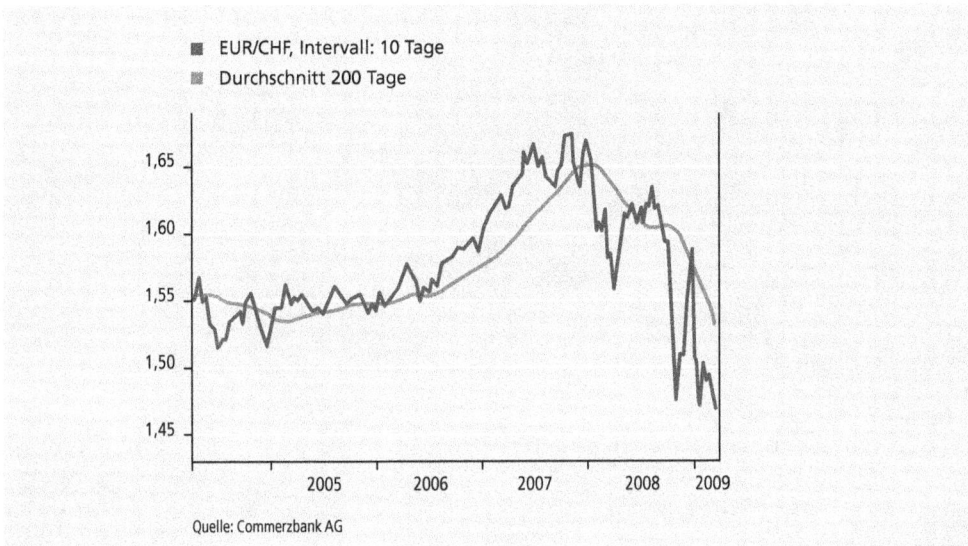

Abb. 9.1: EUR/CHF Wechselkurs

9.1.2 Hedger

Anders als der Spekulant hat ein Hedger keine isolierte Betrachtungsweise eines Währungspaares, sondern sieht dieses in Verbindung mit seinen anderen Positionen bzw. einem Grundgeschäft, welches er absichern möchte. Er geht somit das Währungstermingeschäft nur aus dem Absicherungsgrundgedanken ein und nicht zur Spekulation auf eine Preisveränderung. Ganz im Gegenteil, gerade diese Preisveränderung ist es, vor der er sich schützen möchte. Der Hedger ist somit absolut Risikoavers und überträgt in seiner Grundhaltung seine Risiken auf den Spekulanten, welcher dieses Risiko aktiv aufnimmt. Nachfolgend wird der Chart des EUR/JPY Wechselkurs gezeigt. Hier ist gut zu erkennen, welche Intensität die Schwankung aufweist und warum es durchaus wichtig ist, sich z.B. als Exporteur / Importeur gegen eine solche Währungsschwankung abzusichern.

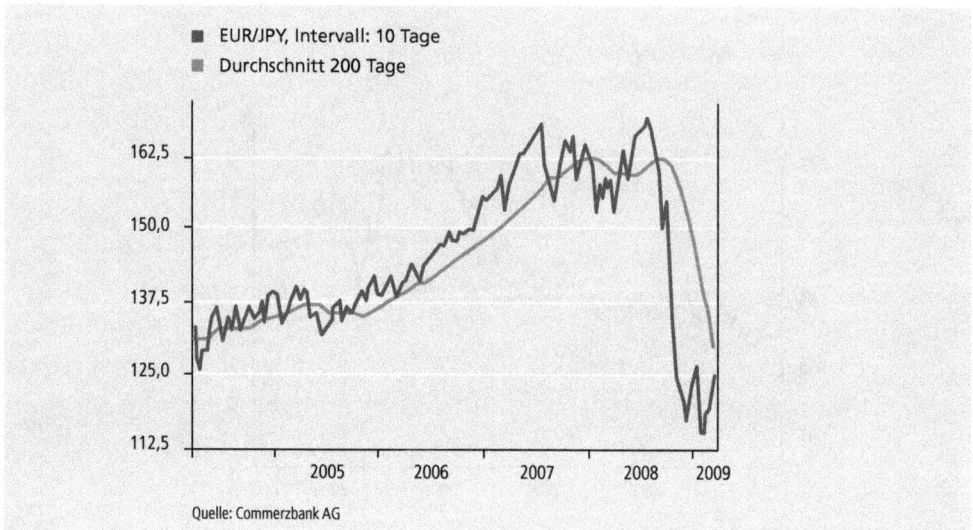

Abb. 9.2: EUR/JPY Wechselkurs

9.1.3 Spreader

Der Spreader handelt niemals aus einer isolierten Beziehung heraus. Er nimmt Positionen nur in Kombination zu einer anderen in sein Positionsbuch auf. Somit profitiert er jedoch auch nur aus der Differenz zwischen den beiden Währungen. Spreader sind meist Banken oder andere institutionelle Anleger.

9.1.4 Arbitrageur

Der Arbitrageur versucht durch Arbitrage seinen Gewinn zu machen. Dies ist oft, aufgrund der großen Transparenz, die schwerste Art Gewinne zu realisieren. Unter Arbitrage versteht man den gleichzeitigen Kauf und Verkauf desselben Gutes an zwei unterschiedlichen Handelsplätzen. Die Differenz daraus ist der Gewinn bzw. Verlust. Das Arbitragegeschäft selbst trägt kein Risiko, da die Positionen zeitgleich eröffnet bzw. geschlossen werden. Durch diese Funktion wird Liquidität für die Märkte bereitgestellt. Als Arbitrageur treten meist Banken auf. Diese haben durch das große Volumen in den Handelsabteilungen hier die Möglichkeit, Geschäfte sinnvoll und gewinnbringend abzuschließen. Bei zu geringen Volumina „frisst" die Kostenstruktur einer solchen Transaktion oft mehr als den Gewinn auf.

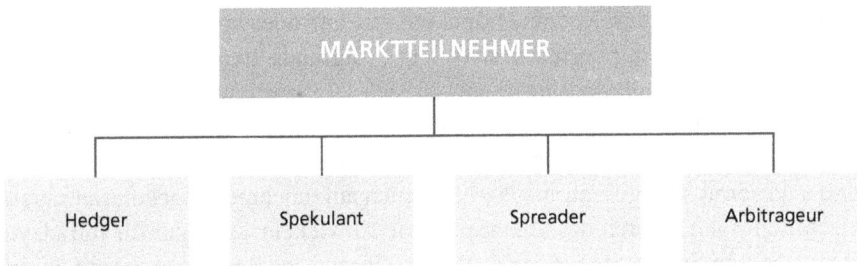

Abb. 9.3: Teilnehmer am Handel

9.2 Preisbildung von Devisenfutures

Die Preisbildung von Devisenfutures ist sehr transparent und gut nachvollziehbar. Hierbei ist die Zinsdifferenz der beiden Währungen zueinander von großer Bedeutung.

$$F_0 = K_0 \cdot [1 + (i_\$ - i_A) \cdot T]$$

K_0 = Kassapreis

F_0 = Futurepreis

$i_\$$ = risikoloser Zins der Anlage „Eigenwährung"

I_A = risikoloser Zins in „Fremdwährung"

T = Laufzeit des Futures in Jahren

Die Differenz zwischen Spotpreis (dem Basiswert) und Futurepreis wird als Basis selbst bezeichnet. Die *Basis* kann positiv und negativ sein.[3] Am letzten Handelstag sind Futurespreis und Spotpreis identisch. Man spricht nun von der Basiskonvergenz. Wird ein Futureskontrakt vor dem letzten Handelstag nicht geschlossen oder auf einen späteren Verfallstermin gerollt, so muss dieser nach dem Final Settlement erfüllt werden.

9.3 Einsatz von Devisenfutures im Portfoliomanagement

Lassen Sie uns kurz wegkommen vom klassischen Exporteur/Importeur und uns hinwenden zum Finanzspekulanten, welche heute ebenfalls viel mit Devisenfutures arbeiten. Sie

---

3   Bloss, Ernst: Derivate, Oldenbourg 2008

nehmen diese entweder aus Hedgingsaspekten mit auf oder spekulieren aktiv auf eine Preisveränderung des Währungspaares, welches zugrunde liegt. Das Instrument eines Devisenfutures ist dafür optimal geeignet, da sich Devisenfutures sehr schnell handeln lassen, preiswert sind und eine absolut transparente Preisbildung haben. Die an der CME in Chicago gehandelten Futures haben pro Kontrakt ein Handelsvolumen von 125.000 EUR und sind somit sehr gut mit ins Positionsbuch aufzunehmen. Spekulationsstrategien in Devisenfutures sind, durch das unkomplizierte Abwickeln, auch gut für Intradaytrades und Ausnutzen von Sondersituationen (z.B. vor Zinsentscheiden etc.) sehr gut zu gebrauchen. Gleichzeitig besteht hier die Möglichkeit einer Ringorder. Diese ist an eine „wenn dann" Verpflichtung gekoppelt, die zum Einsatz kommt, wenn z.B. ein bestimmtes Niveau erreicht oder unterschritten wird. Mit solchen Strategien ist ein effektives handeln von Währungsfutures umzusetzen und somit ein Optimum zu erreichen. Diese Möglichkeiten bringen auch mehr Effektivität hinsichtlich der annähernd 24 Stunden Handel mit sich. Nachfolgend wird der EUR/USD Wechselkurs gezeigt. Dieser wurde historisch bis ins Jahr 1986 zurückgerechnet. Aus der Darstellung lässt sich sehr gut erkennen, dass sowohl langfristig (Grafik 1) als auch kurzfristig (Grafik 2) eine aktive Spekulation möglich ist.

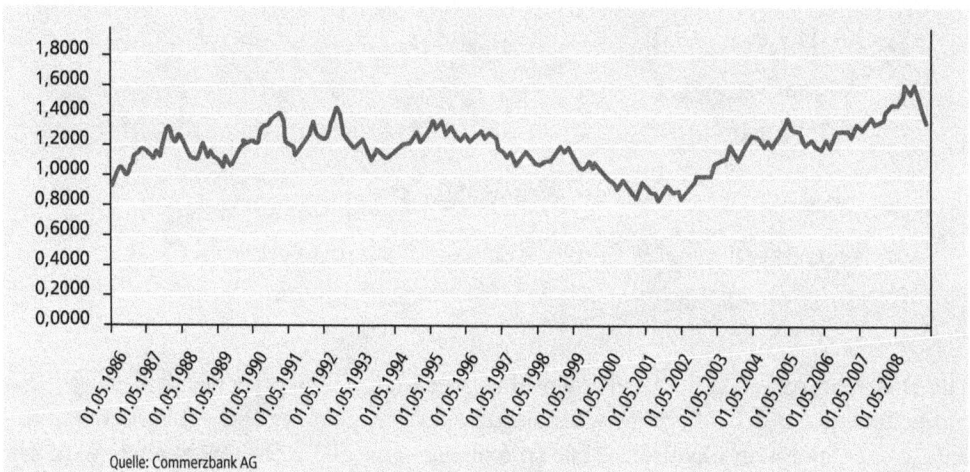

Quelle: Commerzbank AG

Abb. 9.4: EUR/USD Wechselkurs (1986–2008)

EURO/USD SPOT
1,2927 USD ▾ -0,0006 -0,05% | außerbörslich USA | 14.03.09 17:53:05

Quelle: Interactive Data

Abb. 9.5: EUR/USD Wechselkurs 12 Monate

Lassen sie uns an dieser Stelle kurz ein paar Worte zu klassischen privaten Retail-Investoren sagen. Diese spekulieren meist mit verbrieften Derivaten, welche von Emittenten herausgegeben werden. Dies sind aufgrund der Größenverhältnisse sowie deren Ausgestaltung für die privaten Investoren von Vorteil. Die umsetzbaren Strategien, vor allem Kombinationen etc. sind jedoch beschränkt. Die beiden Grundstrategien, auf ein Steigen bzw. ein Fallen zu setzen, sind jedoch ebenfalls voll umsetzbar.

Es lässt sich somit zusammenfassend sagen, dass große institutionelle Adressen sowie sehr liquiditätsstarke private Adressen im Bereich der klassischen Termingeschäfte (Optionen & Futures) bzw. mittels OTC Derivate investieren bzw. diese als Instrumente wählen und klassische Retail-Kunden zu standardisierten Produkten von Emittenten[4] greifen. Somit ist für jede Investorenschicht ein passendes Investitionsprodukt am Markt verfügbar.

Zusammenfassend soll die folgende Tabelle die Unterschiede zwischen dem OTC Termingeschäft und dem börsengehandelten Futurekontrakt nochmals verdeutlichen.

---

4   Das Emittentenrisiko ist hier jedoch zu beachten. Seit der Finanzkrise und der Invsolvenz von Lehman Brothers
    ist dieses nicht mehr weg zu diskutieren.

	DEVISENTERMINGESCHÄFT	FUTURE KONTRAKT
Kontaktgröße	Individuelle Anpassungsfähigkeit	Standardisiert
Abrechungstag	Individuelle Anpassungsfähigkeit	Standardisiert
Marktteilnehmer	Banken, Broker und Unternehmen	Alle Marktteilnehmer
Notwenige Sicherheiten	Bankguthaben und Kreditlinie	Sicherheitseinlage in Form einer Margin
Clearing Gesellschaft	Kein zentrales Clearing, Abwicklung über Banken oder Broker	Abwicklung über zentrale Clearing Stelle; tägliche Anpassung
Handelsort	Weltweiter Handel über Telefon, Internet-OTC	Zentraler Handel an Börsen mit weltweitem Anschluss
Ausübung	Am Fälligkeitstag	Glattstellung meistens vor Verfalldatum oder Ausübung
Aufsicht	Keine externe Aufsicht, Selbstüberwachung	Commodity Future Trading Commission, National Future Association, Börsenaufsicht
Transaktionskosten	Transaktionskosten bestehen aus dem Spread zwischen Geld- und Briefkurs der Banken/Broker	Bestimmte Brokergebüren, die für den Kauf und den Verkauf zu entrichten sind.

Tab. 9.1: Vergleich Devisentermingeschäft und Futurekontrakt

10   Devisenoptionen und Strategien

10.1 Einführung in Devisenoptionen

10.1.1 Definitionen und Terminologie

Eine Option beinhaltet den Austausch eines Rechts zwischen einem Käufer und einem Verkäufer. Die Option beschreibt das Recht (nicht die Pflicht) des Optionskäufers (Long) und die Pflicht des Verkäufers (Stillhalters; Short), einen Währungsbetrag zu einem zuvor festgelegten Kurs zu kaufen oder zu verkaufen. Um dieses Recht zu bekommen, muss der Käufer der Option dem Verkäufer (Schreiber/Stillhalter) eine Gebühr bezahlen. Diese Gebühr wird allgemein als Prämie für die Option (Optionsprämie) bezeichnet. Es gibt zwei verschiedene Optionstypen: die Call Option und die Put Option. Die Call Option gibt dem Optionsinhaber das Recht, die vereinbarte Währung zum vereinbarten Preis (Basispreis/Ausübungspreis/Strike) zu kaufen, die Put Option das Recht zu verkaufen. Termingeschäfte werden in Kontrakten (Handelsmenge) gehandelt. Somit ist der Mindestabschluss ein Kontrakt und der damit verbundene Gegenwert.

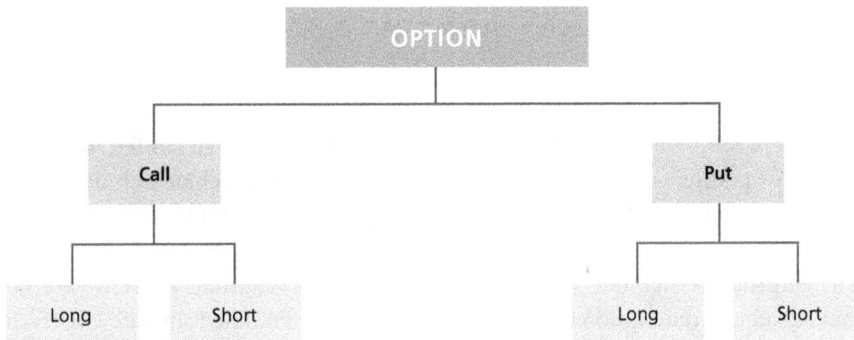

Abb. 10.1: Optionen

Benötigte Angaben für eine Order:

- Put oder Call

- Laufzeit

- Kontraktanzahl

- Underlying

- Buy oder Sell

- evtl. Limit oder Market

- Ausführungsplatz

- Opening oder Closing

BEISPIEL

Kauf eines US-Dollar Call gegen Euro bei einem Basispreis von 1,2500 über 1 Million US-Dollar. Der Käufer hat das Recht, 1 Million US-Dollar bei einem Kurs von EUR/USD 1,2500 zu kaufen. Die Put Option gibt dem Optionshalter das Recht, die vereinbarte Währung zum vereinbarten Basispreis/Strike zu verkaufen.

BEISPIEL

Kauf eines USD Put gegen Euro bei einem Strike von 1,2500 über 1 Million US-Dollar. Der Käufer hat das Recht, 1 Million US-Dollar bei einem Kurs von EUR/USD 1,2500 zu verkaufen. Das Recht, eine Währung zu kaufen, beinhaltet gleichzeitig auch immer das Recht, die Gegenwährung zu verkaufen. Wenn Euro gekauft werden, werden gleichzeitig US-Dollar verkauft, daher:

EUR Call = USD Put
USD Put = EUR Call

Es besteht nicht nur, wie beschrieben, die Möglichkeit Optionen zu kaufen, sondern auch Optionen zu verkaufen. Wird eine Call Option verkauft, verpflichtet sich der Verkäufer, auch Stillhalter genannt, die vereinbarte Währung zu dem vereinbarten Kurs, bei Ausübung der Option durch den Käufer, zu verkaufen oder zu liefern. Wird eine Put Option verkauft, verpflichtet sich der Verkäufer, die vereinbarte Währung zu dem vereinbarten Kurs, bei Ausübung der Option durch den Käufer, zu kaufen. Die folgende Übersicht soll die eben erlangten Erkenntnisse nochmals verdeutlichen:

	CALL	PUT
KÄUFER	Das Recht (nicht die Pflicht) zu **kaufen**	Das Recht (nicht die Pflicht) zu **verkaufen**
VERKÄUFER	Die Pflicht (bei Ausübung) zu **verkaufen (liefern)**	Die Pflicht (bei Ausübung) zu **kaufen**

Abb. 10.2: Übersicht der Optionspositionen

10.1.2 Preis einer Option

Die Prämie, bzw. der Preis der Option, die der Stillhalter vom Käufer der Option für die Übernahme des Risikos erhält, ist von mehreren Faktoren abhängig, die im Folgenden erläutert werden. Der Basispreis bzw. Ausübungspreis ist eine Determinante, die bei Abschluss der Devisenoption festgelegt werden muss. Dieser Basispreis der Option gibt an, zu welchem Kurs der Betrag im Falle der Ausübung gekauft oder verkauft wird. Im Beispiel wird bei Ausübung der Call-Option 1 Million US-Dollar bei einem Kurs von EUR/USD 1,2500 gegen Euro gekauft. Ein weiterer Faktor, der bei Abschluss bestimmt werden muss, ist der Optionstyp. Der Käufer der Option hat, wie bereits ausgeführt, das Recht die Option auszuüben. Es existieren drei verschiedene Optionstypen, die verschiedene Ausübungsrechte beinhalten. Die Option amerikanischen Typs gibt dem Optionsinhaber das Recht, die Option während der gesamten Laufzeit auszuüben. Eine Option europäischen Typs gibt dem Käufer das Recht, nur am letzten Tag der Laufzeit die Option auszuüben. Neben diesen, am häufigsten verwendeten Optionstypen, gibt es noch die Bermuda Option (diese zählen zu den exotischen Optionen). Diese berechtigt den Inhaber, die Option an vorher festgelegten Zeitpunkten auszuüben. Die Uhrzeit für die Ausübung bei Fälligkeit ist 10.00 Uhr New York Zeit bzw. 15.00 Uhr London Zeit. Die Erfüllung des Geschäfts findet wie bei den Termingeschäften zwei Tage nach Fälligkeit statt. Um Verwirrungen entgegenzuwirken, werden deshalb oftmals die Fälligkeit und die Valuta quotiert. Eine Option mit Fälligkeit am 07. Dezember 2009 hat die Valuta 09. Dezember 2009. Die letzte Determinante, die bei Abschluss festgelegt werden muss, ist die Laufzeit.

Die Flexibilität der Wahlmöglichkeiten bezüglich der Laufzeiten hängt von der Handelsplattform ab. Eine Standardoption ist für den Handel standardisiert, und deshalb sind die Wahlmöglichkeiten des Basispreises und vor allem der Laufzeit eingeschränkt. Sehr großer Ausgestaltungsspielraum besteht bei Freihandelsoptionen, die over-the-counter (OTC) gehandelt werden.

Es wurde bereits ausgeführt, dass der Käufer einer Option dem Verkäufer (Stillhalter) eine Prämie zahlen muss. Im Gegenzug übernimmt der Verkäufer das Verlustrisiko des Käufers. Es ist zu erkennen, dass bei hohen Schwankungen (hoher Volatilität) der Wechselkurse die Prämie höher ausfallen muss, da die Wahrscheinlichkeit eines Verlustes ebenfalls höher ist. Es spielen jedoch weitaus mehr Faktoren bei der Bestimmung der Optionsprämie eine Rolle. Diese sollen im Folgenden näher erläutert werden.

Am Markt existieren verschiedene mathematische Modelle zur Preisbestimmung einer Option. Das bekannteste Modell ist das, nach den Mathematikern Fischer Black und Myron Scholes benannte, *„Black-Scholes"* Modell. Diese Formel berechnet den Preis einer Option auf eine Aktie, die keinerlei Dividende zahlt. Das Modell gilt als Grundstein für jegliche Preismodelle von Finanzderivaten. Veröffentlich wurde dieser Meilenstein der Finanzmathematik in der Zeitschrift *„The Journal of Political Economy"* im Jahr 1973. 1997 erhielten Robert C. Merton und Myron Scholes dafür den Nobelpreis für Wirtschaftswissenschaften.

Mark Garman und Steven Kohlhagen modifizierten den Black Scholes Ansatz im Jahr 1983 für Devisenoptionen. Danach berechnet sich der Preis einer Option wie folgt:

$$c(S_t, \tau, X, \sigma, r, r^*) = e^{-r^*\tau} S_t \Phi(d_1) - e^{-r\tau} X \Phi(d_2)$$

mit   (1)

$$d_1 = \frac{\ln(S_t/X) + \left(r - r^* + \frac{\sigma^2}{2}\right)\tau}{\sigma\sqrt{\tau}}$$

$$d_2 = d_1 - \sigma\sqrt{\tau}$$

S_t = Wechselkurs am Devisenkassamarkt zum Abschlusszeitpunkt
τ = Laufzeit des Kontrakts
X = Ausübungspreis bzw. Basispreis der Option
r = Zinssatz der Heimwährung
r^* = Zinssatz der Fremdwährung
Φ = kumulierte Standardnormalverteilung
σ = erwartete Preisschwankungsbandbreite des Basiswerts
C = Optionsprämie[5]

Somit ist eine effektive Preisberechnung bei Devisenoptionen möglich. Nachdem diese theoretischen Grundlagen gelegt worden sind, soll im Folgenden auf den eher praktischen Ansatz zur Bestimmung des Optionspreises eingegangen werden. Dieser ermöglicht es, die Zusammensetzung der Optionsprämie zu verstehen und Änderungen der Determinanten besser nachzuvollziehen. Außerdem soll in diesem Zusammenhang darauf hingewiesen werden, dass in der Praxis des Währungsrisikomanagements, der Optionspreis äußerst selten nach der mathematischen Formel berechnet wird. Banken stellen ihren Firmenkunden oftmals Online-Optionsrechner zur Verfügung, mit denen die Unternehmen Strategien zusammenstellen oder gegebenenfalls Preise nachrechnen können. Des Weiteren haben sich in letzter Zeit vermehrt Online-Handelssysteme am Markt etabliert, die es den Unternehmen ermöglichen, Optionspreise der verschiedenen Banken direkt zu vergleichen.

Die Optionsprämie setzt sich aus zwei Faktoren zusammen, dem Inneren Wert und dem Zeitwert.[6]

---

5   Vgl. o.V.: Deutsche Bundesbank, 2001 online: Instrumente zur Analyse von Markterwartungen. http://www.bundesbank.de/download/volkswirtschaft/ mba/2001/200110mba_dichtefunktionen.pdf, 03.01.2006

6   Bloss, Ernst: Derivate, Oldenbourg 2008

Optionsprämie

▶ Optionsprämie = Innerer Wert + Zeitwert

Abb. 10.3: Optionsprämie einer Option

Entscheidend für den Inneren Wert ist das Verhältnis zwischen dem Basispreis der Option und dem aktuellen Kassakurs bzw. Terminkurs. Bei einer Option (OTC) europäischen Typs ist die Differenz zwischen Basispreis und Terminkurs entscheidend, da die Option nur bei Fälligkeit ausgeübt werden kann. Bei einer Option amerikanischen Typs ist hingegen der Unterschied zwischen dem Basispreis und dem Kassakurs entscheidend, da die Option jederzeit ausgeübt werden kann. Im Allgemeinen kann gesagt werden, dass eine Option einen inneren Wert besitzt, wenn sie gewinnbringend ausgeübt werden kann.

Eine Call-Option ist „im Geld" (in-the-money/ITM), wenn der Basispreis unter dem Kassakurs liegt, eine Put Option, wenn der Basispreis über dem Kassakurs liegt. Dies bedeutet, dass der Basispreis der Option vorteilhafter ist als der aktuelle Kassakurs. Je höher eine Option im Geld notiert, desto höher ist auch der Innere Wert der Option. Liegt der Basispreis einer Call-Option weit unter dem aktuellen Kassakurs, dann ist die Option „weit im Geld" oder „deep-in-the-money". Eine Call-Option ist „aus dem Geld" (out-of-the-money/OTM), wenn der Basispreis über dem Kassakurs liegt, eine Put-Option, wenn der Basispreis unter dem Kassapreis liegt. Ist eine Option weit aus dem Geld, besitzt sie keinen inneren Wert mehr und wird somit billiger. Dies ist damit zu erklären, dass die Wahrscheinlichkeit, dass die Option noch ausgeübt wird, abnimmt. Eine Option ist „am Geld" oder „at the money" (ATM), wenn der Basispreis der aktuellen Kasse entspricht.

	im Geld	am Geld	aus dem Geld
Call	Kurs Underlying > Basispreis	Kurs Underlying = Basispreis	Kurs Underlying < Basispreis
Put	Kurs Underlying < Basispreis	Kurs Underlying = Basispreis	Kurs Underlying > Basispreis

Tab. 10.1: Notierungsarten von Optionen

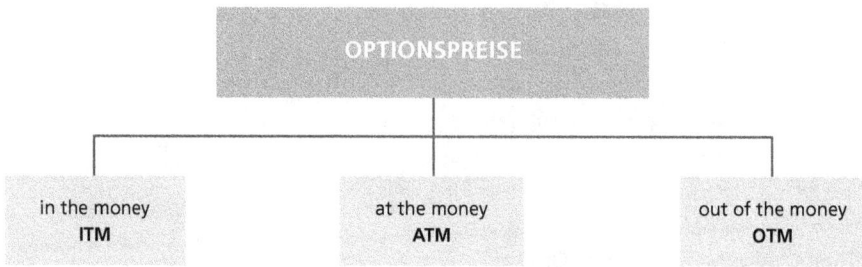

Abb. 10.4: Optionspreise und deren Notierung

Der Zeitwert, der zweite Faktor der Optionsprämie, hängt von der Restlaufzeit der Option und der Volatilität ab. Der Zeitwert beschreibt die Möglichkeit, dass die Option einen Inneren Wert aufbauen kann. Optionen, die aus dem Geld notieren, haben keinen Inneren Wert. Notiert eine Option weit im Geld, dann hat sie einen hohen Inneren Wert, die Zeitwertkomponente ist jedoch gering, da die Funktion des Zeitwertes, dass die Option im Geld endet, so gut wie erfüllt ist. Daher wird auf diese Option kein „Aufgeld" mehr bezahlt. Ist eine Option „am Geld", dann besitzt sie keinen Inneren Wert, jedoch einen hohen Zeitwert, da die Wahrscheinlichkeit, dass die Option an Innerem Wert gewinnt, hoch ist. Folgendes Schaubild soll den Verlauf des Zeitwerts nochmals veranschaulichen.

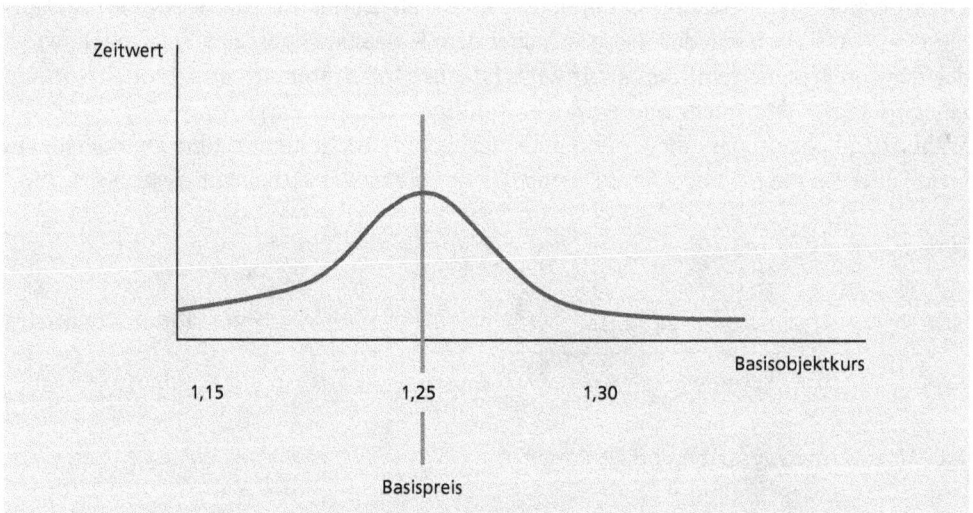

Abb. 10.5: Verlauf der Zeitwerts einer (Call) Option

Der Zeitwert einer Option nimmt während der Laufzeit der Option immer mehr ab. Bei Fälligkeit der Option ist der Zeitwert gleich null. Es besteht keine Möglichkeit mehr, dass sich der Innere Wert verändert. Entweder wird der Innere Wert realisiert, oder die Option verfällt. Den höchsten Zeitwert erreicht eine europäische Option, wenn der Basispreis mit dem Terminkurs bzw. bei einer amerikanischen Option, wenn der Basispreis mit dem aktuellen Kassakurs übereinstimmt. Die Abnahme des Zeitwerts mit Verkürzung der Restlaufzeit verläuft jedoch nicht über die gesamte Laufzeit proportional. Gegen Ende nimmt der Zeitwert überproportional ab. Diese Thematik wird bei den Risikomaßen im Unterpunkt Theta nochmals aufgegriffen. Das folgende Schaubild soll abschließend nochmals den Verlauf des Inneren Werts und Zeitwerts veranschaulichen:

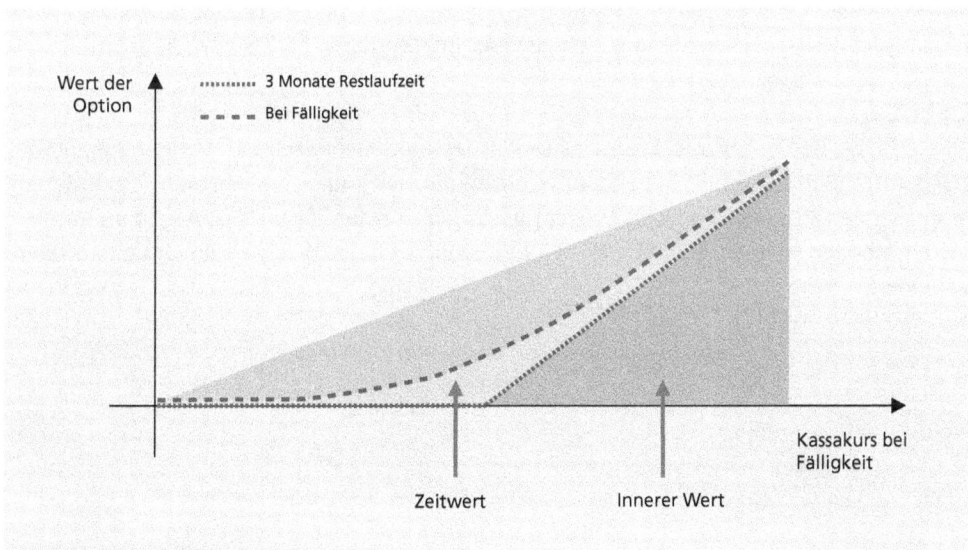

Abb. 10.6: Zusammenhang von Zeitwert + Innerer Wert

Einen großen Einfluss auf den Optionspreis hat die Volatilität. Sie ist eine Gradmessung für die Preisschwankungen des Basisinstruments, des Währungskurses. Die Volatilität gibt Auskunft über die Intensität der Schwankungen, jedoch nicht über deren Richtung. Währungen mit starken Schwankungen haben folglich eine hohe Volatilität und dadurch auch eine Erhöhung des Zeitwerts. Im Extremfall hat eine Währung keinerlei Schwankungsanfälligkeit, woraus sich ein Zweitwert von Null ergeben wird. Somit ist für den Käufer einer Option die Volatilität die Chance, dass die Option bei Fälligkeit (europäischer Typ) im Geld steht. Für den Verkäufer einer Option ist die Volatilität hingegen die Gefahr, dass die Option bei Fälligkeit im Geld notiert und somit ein Verlust entsteht.

Um den Preis einer Option darzustellen, existieren am Devisenmarkt verschiedene Notierungsarten. Eine Option mit Bezug auf den Euro (EUR/CHF, EUR/USD) wird meis-

tens in Prozent vom Euro notiert. Die Notierung kann jedoch auch in Prozent der Fremdwährung stattfinden. Weitere Notierungsformen sind die Absolutnotierung, der Betrag der
tatsächlich zu bezahlenden Prämie, oder die Notierung in Basispunkten.

10.1.3 Die Griechen – Einflussparameter einer Option

Im nächsten Abschnitt soll nicht nur verdeutlicht werden, wie Veränderungen des Basiswerts (Wechselkurses), der Restlaufzeit der Option sowie die implizierte Volatilität den
Preis einer Option beeinflussen, sondern auch wie der Markt diese Einflüsse misst und
darstellt. Hierfür sind am Markt Risikoparameter eingeführt worden, die, mit Ausnahme
des Vega, nach den griechischen Buchstaben benannt sind. Es ist daher wichtig, diese
Risikogradmesser zu kennen, um sich genauer mit Optionen befassen zu können.

DELTA

Das DELTA beschreibt die Preissensitivität des Optionspreises auf Veränderungen des
Basiswerts, den zugrunde liegenden Wechselkurs. Dies kann als absolute Veränderung
in Einheiten (z.B. Cent) oder in Prozent gemessen werden. Das DELTA gibt an, um wie
viele Einheiten sich der Optionspreis ändert, wenn sich der Wechselkurs um eine Einheit
verändert.

	„Im Geld"	„Am Geld"	„Aus dem Geld"
Call	DELTA 1 bis 0,5	DELTA etwa 0,5	DELTA 0,5 bis 0
Put	DELTA -1 bis -0,5	DELTA etwa -0,5	DELTA -0,5 bis 0

Tab. 10.2: Deltawerte

Besitzt eine Option beispielsweise ein Delta von 0,5 und der Wechselkurs ändert sich um
eine Einheit, dann ändert sich der Optionspreis nur um 0,5 Einheiten.
    Bei einem Delta von 0 ist die Option weit aus dem Geld und bleibt von Wechselkurs-
änderungen anfangs unberührt. Erst wenn die Option langsam ans Geld läuft, steigt das
Delta wieder und die Option reagiert stärker auf Wechselkursschwankungen. Bei einem
Delta von 1 oder -1 bewegt sich der Optionspreis im Gleichschritt mit dem Wechselkurs.
In der Tabelle ist zu sehen, dass Optionen, die weit „im Geld" sind, ein Delta von nahezu
1 oder sogar 1 haben.

Delta Long Call

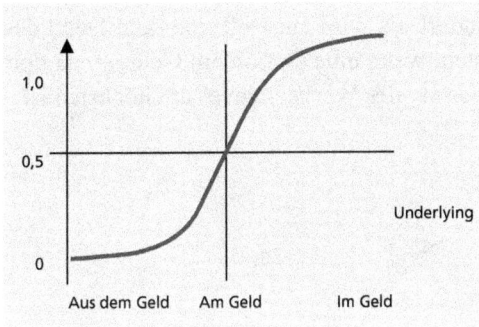

Delta Short Call

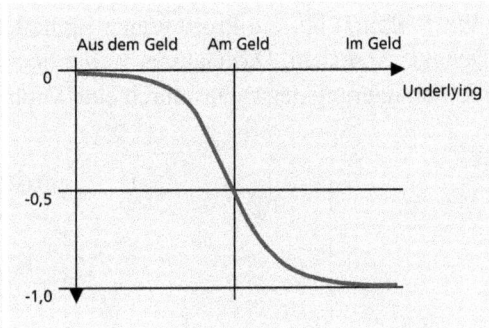

Delta Long Put

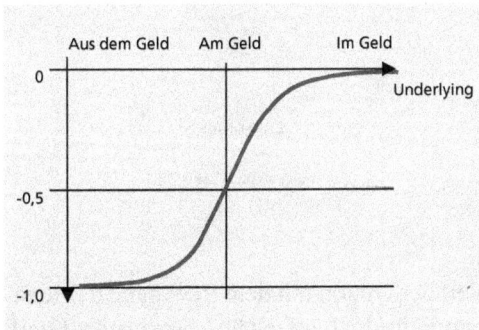

Delta Short Put

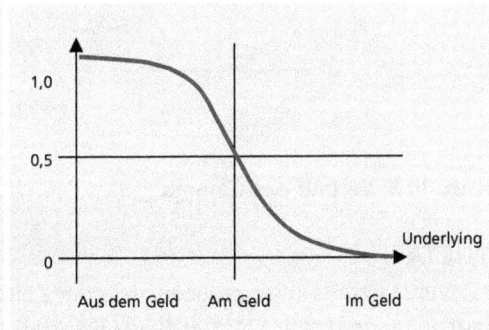

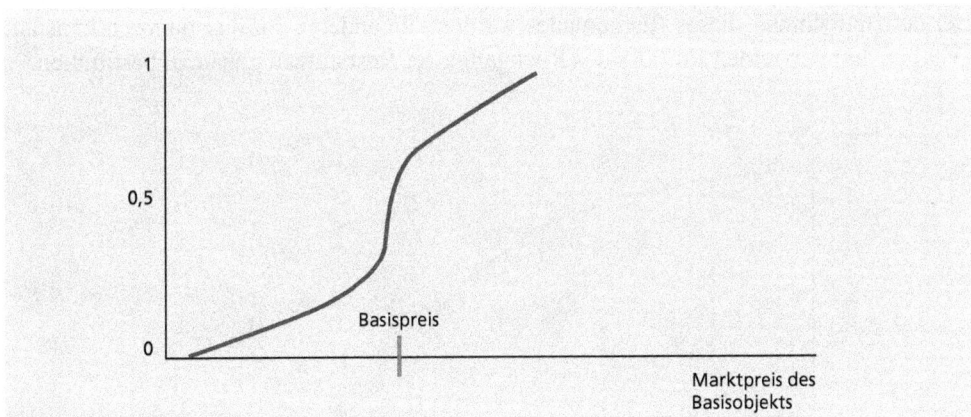

Abb. 10.7: Verlauf des Delta der Optionen

GAMMA

Das Gamma gibt an, wie sich das Delta einer Option verändert, wenn sich der Basiswert (Wechselkurs) um ein Prozent/eine Einheit ändert. Es wird auch oft von dem Delta des Deltas gesprochen. Das Gamma ist am höchsten, wenn eine Option am Geld ist, da dort die Veränderung des Deltas durch eine Veränderung des Wechselkurses am höchsten ist.

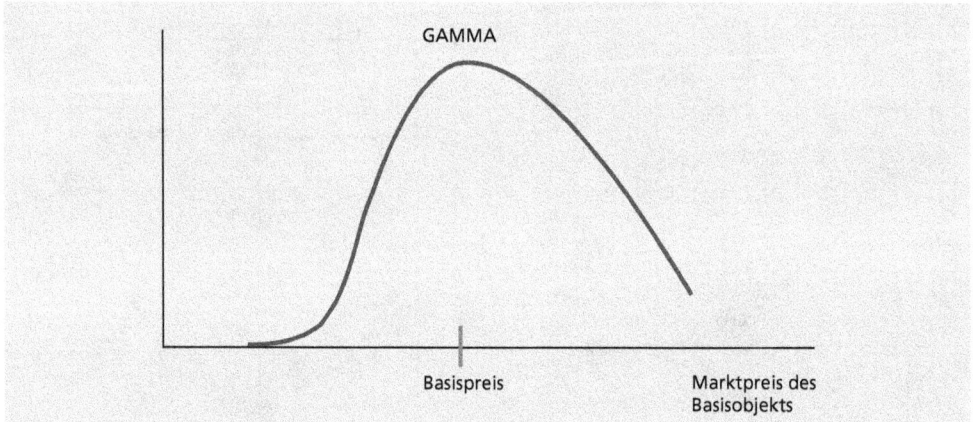

Abb. 10.8: Verlauf des Gamma

THETA

Es wurde bereits angesprochen, dass der Zeitwert der Option mit dem Rückgang der Restlaufzeit geringer wird, wobei dieser Rückfall zum Ende der Laufzeit überproportional stark ausfällt. Das THETA ist ein Maß für den täglichen Rückgang des Zeitwerts einer Option. Bei der Betrachtung dieses Risikomaßes werden alle anderen Einflussfaktoren konstant gehalten, um den reinen Einfluss des Rückgangs der Restlaufzeit genau zu bestimmen.

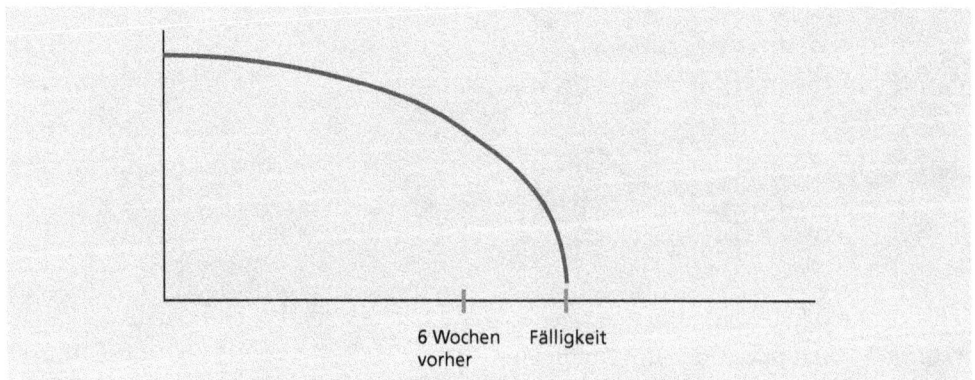

Abb. 10.9: Abhängigkeit des Optionspreises von der Restlaufzeit

VEGA

Das Vega ist ein Sensitivitätsmaß für die Auswirkungen einer Volatilitätsänderung auf den Optionspreis. Es drückt aus, um wie viele Einheiten sich der Optionspreis ändert, wenn sich die Volatilität um einen Prozentpunkt ändert.

RHO

Das Rho beschreibt die Reaktion des Optionspreises auf Veränderungen der Zinsen. Im Allgemeinen wird dieser Risikoparameter nicht besonders beachtet. Er ist jedoch wichtig, da jede einzelne Option, wie auch ein Optionsportfolio, Änderungen in den Zinsniveaus ausgesetzt ist. Der Preis jeder Option europäischen Typs hängt auch vom Terminkurs ab. Dieser wiederum hängt stark mit den Zinsniveaus der beteiligten Länder zusammen. Das Rho sollte als Risikoparameter besonders bei Optionen europäischen Typs nicht vernachlässigt werden.

Folgende Übersicht soll die fünf Sensibilitäten noch einmal übersichtlich zusammenfassen.

Delta	Einfluss einer Preisänderung des Basisobjekts (Kassakurs) auf den Optionspreis (Optionsprämie).
Gamma	Sensitivitätskennzahl des Delta. Misst wie sich das Delta bei Veränderung des Basisobjekts verändert.
Theta	Einfluss der Zeit (Abnahme der Restlaufzeit) auf den Preis der Option.
Vega	Einfluss der Volatilität auf den Preis der Option.
Rho	Einfluss einer Zinsänderung auf den Preis der Option.

Tab. 10.3: Übersicht über die Risikoparameter einer Option

10.2 Devisenoptionsprodukte – Plain Vanilla

Die Standardoptionen werden als Plain Vanilla Optionen bezeichnet. Dies sind die ersten Optionen, die auf den Markt gekommen sind. Sie weisen keinerlei zusätzliche oder besondere Ausstattungsmerkmale auf. Durch die Kombination von Plain Vanilla Optionen haben sich verschiedene Strategien herausgebildet und mittlerweile am Markt etabliert.

Opening	Closing
Long	Short
Short	Long

Tab. 10.4: Opening und Closing

Doch zunächst soll die Position eines einfachen Kaufs bzw. Verkaufs einer Plain Vanilla Option dargestellt werden. Der Kauf einer Option wird dabei als „Long-Position", der Verkauf als „Short-Position" bezeichnet. Das Eröffnen einer Optionsposition nennt man Opening, das Schließen wird als „Closing" oder „Close-out" bezeichnet. Durch ein Gegengeschäft kann man sich jederzeit seiner ursprünglichen Optionsposition wieder entledigen.

10.2.1 Long Options (Kauf der Option)

Der Kauf eines Calls beinhaltet das Recht des Käufers, innerhalb (amerikanischen Typs) oder bei Fälligkeit (europäischen Typs) einer vorab festgelegten Laufzeit vom Verkäufer der Option (Stillhalter) einen bestimmten Devisenbetrag zu einem vereinbarten Ausübungspreis (Basispreis oder Strikepreis) gegen sofortige Zahlung des Preises der Option (Optionsprämie) zu kaufen. Liegt der aktuelle Kassakurs am Fälligkeitstag tiefer als der Basispreis, dann lässt der Käufer die Option verfallen, da die aktuelle Marktsituation bessere Konditionen bereitstellt.

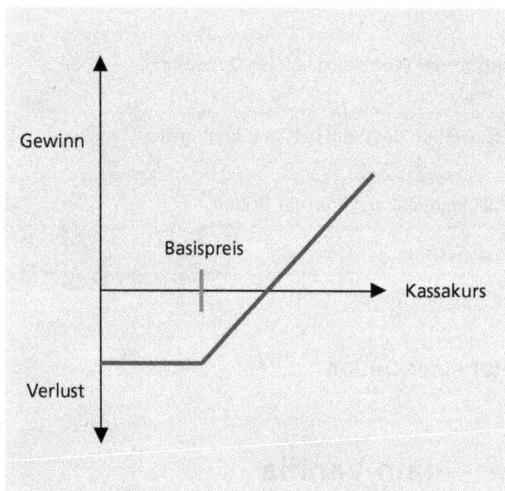

Abb. 10.10: Position: Long Call

BEISPIEL

Ein Unternehmen möchte einen in 6 Monaten fälligen Eingang aus einem Exportgeschäft, mit Fakturierung in USD, absichern. Es erwartet volatile Devisenmärkte mit einer sinkenden Tendenz. Es hat den Wunsch, an einer Fremdwährungsaufwertung zu partizipieren. Falls jedoch die Marktmeinung nicht eintrifft, soll z.B. der USD-Verkauf zu einem festen Kurs abgerechnet werden.

Es bietet sich der Kauf einer EUR Call/USD Put Option an. Das Unternehmen wählt den Ausübungskurs, leistet einmalig zu Laufzeitbeginn die Optionsprämie und erhält dafür die Chance, an einem entsprechend niedrigeren EUR/USD Wechselkurs uneingeschränkt zu partizipieren bei gleichzeitiger Kalkulationssicherheit.

Entscheidet sich der Exporteur für dieses Geschäft, geht er folgendes Chancen-Risioprofil ein:

Chancen

- Schaffung einer kaufmännischen Kalkulationsbasis durch fixierten Ausübungskurs (Worst Case).

- Mögliche 100%ige uneingeschränkte Teilnahme an schwächerem EUR/stärkerer Fremdwährung.

- Hohe Flexibilität, da Ausübungskurs, Nominalbetrag und Laufzeit individuell bestimmt werden können.

- Die Call Option ist unabhängig von dem abgesicherten Grundgeschäft und kann separat von diesem aufgelöst werden.

- Bei vorzeitiger Auflösung der Call Option kann aufgrund zwischenzeitlicher Marktbewegungen ein Auflösungsgewinn entstehen.

- Erreichter Kursvorteil kann ggf. während der Laufzeit durch ein Devisentermingeschäft festgeschrieben werden – die Option würde dann verkauft oder gehalten.

- Es besteht keine Erfüllungspflicht am Ende der Laufzeit.

Risiken

- Maximalrisiko ist der Verlust der gezahlten Optionsprämie.

- Der Wegfall des abgesicherten Grundgeschäfts führt nicht zur Beendigung der Call Option.

Der Kauf eines Puts hingegen beinhaltet das Recht einen bestimmten Betrag zu einem bestimmten Basispreis bei Fälligkeit zu verkaufen. Sollte der Kassakurs bei Fälligkeit über dem Basispreis stehen, dann lässt der Optionskäufer die Option verfallen und handelt zu den aktuell günstigeren Marktkonditionen.

BEISPIEL

Ein Unternehmen möchte eine in 6 Monaten fällige Zahlungsverpflichtung aus einem Importgeschäft, mit Fakturierung in USD, absichern. Es erwartet volatile Devisenmärkte mit einer steigenden Tendenz. Es hat den Wunsch, an einer Fremdwährungsabwertung zu partizipieren. Falls jedoch die Marktmeinung nicht eintrifft, soll z.B. der USD-Kauf zu einem festen Kurs abgerechnet werden.

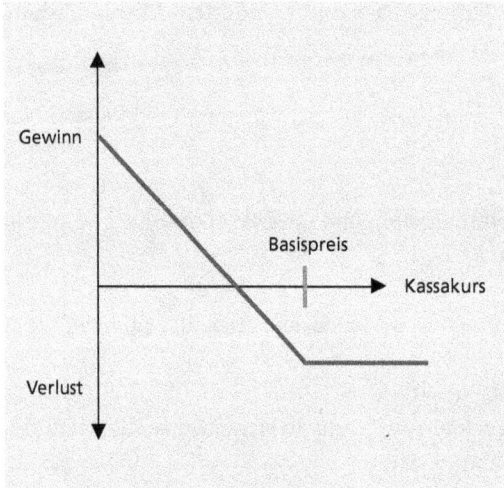

Es bietet sich der Kauf einer EUR Put/USD Call Option an. Das Unternehmen wählt den Ausübungskurs, leistet einmalig zu Laufzeitbeginn die Optionsprämie und erhält dafür die Chance, an einem entsprechend höheren EUR/USD Wechselkurs uneingeschränkt zu partizipieren.

Abb. 10.11: Position : Long Put

Entscheidet der Importeur sich für dieses Geschäft, so geht er folgendes Chancen und Risikprofil ein:

Chancen

- Schaffung einer kaufmännischen Kalkulationsbasis durch fixierten Ausübungskurs (Worst Case).

- Mögliche 100%ige uneingeschränkte Teilnahme an stärkerem EUR/schwächerer Fremdwährung.

- Hohe Flexibilität, da Ausübungskurs, Nominalbetrag und Laufzeit individuell bestimmt werden können.

- Die Put Option ist unabhängig von dem abgesicherten Grundgeschäft und kann separat von diesem aufgelöst werden.

■ Bei vorzeitiger Auflösung der Put Option kann aufgrund zwischenzeitlicher Marktbewegungen ein Auflösungsgewinn entstehen.

■ Erreichter Kursvorteil kann ggf. während der Laufzeit durch ein Devisentermingeschäft festgeschrieben werden – die Option würde dann verkauft oder gehalten.

■ Es besteht keine Erfüllungspflicht am Ende der Laufzeit.

Risiken

■ Maximalrisiko ist der Verlust der gezahlten Optionsprämie.

■ Der Wegfall des abgesicherten Grundgeschäfts führt nicht zur Beendigung der Put Option.

10.2.2 Short Options (Verkauf der Option)

Der Verkauf einer Call Option verpflichtet den Verkäufer (Stillhalter), den vereinbarten Betrag zu dem vereinbarten Basispreis bei Fälligkeit der Option zu liefern, falls der Käufer der Option diese ausübt. Für diese Risikoübernahme bekommt der Verkäufer die Optionsprämie (Stillhalterprämie).

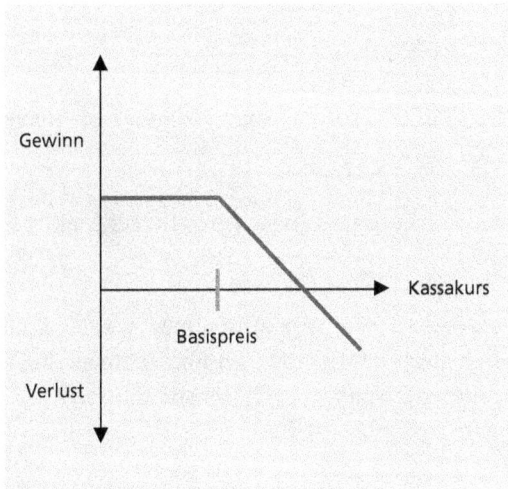

BEISPIEL

Ein Unternehmen möchte für eine in 6 Monaten fällige Fremdwährungsverbindlichkeit einen Zusatzertrag erzielen. Es erwartet einen seitwärts tendierenden Devisenmarkts und eine Nichtüberschreitung des Ausübungskurses (Strike) am Fälligkeitstag. Es bietet sich der Verkauf einer EUR Call/ USD Put Option an. Das Unternehmen wählt den Ausübungskurs, erhält einmalig zu Laufzeitbeginn die Optionsprämie und zusätzlich die Chance, an einem entsprechend höheren EUR/ USD Wechselkurs beschränkt zu partizipieren (bis zum Strike), hat allerdings aufgrund des offenen Risikos nach unten keine Kalkulationssicherheit.

Abb. 10.12: Position: Short Call

▶ CHANCEN UND RISIKEN

Chancen

▦ Hohe Flexibilität, da Ausübungskurs, Nominalbetrag und Laufzeit individuell bestimmt werden können.

▦ Die Call Option ist unabhängig vom Grundgeschäft und kann separat von diesem aufgelöst werden.

▦ Erreichter Kursvorteil kann ggf. während der Laufzeit durch ein Devisentermingeschäft festgeschrieben werden – die Option würde dann zurückgekauft oder bleibt bestehen.

▦ Der Wegfall des abgesicherten Grundgeschäfts führt nicht zur Beendigung der Call Option.

Risiken

▦ Keine Schaffung einer kaufmännischen Kalkulationsbasis, da keine Absicherung gegen fallenden EUR.

▦ Mögliche Teilnahme an stärkerem EUR / schwächerer Fremdwährung, da Ausübung der Option erfolgt.

▦ Maximalrisiko unbegrenzt (theoretischer EUR-Kursanstieg).

▦ Es besteht Erfüllungspflicht am Ende der Laufzeit, sofern Optionskäufer sein Recht ausübt (falls Kurs größer/gleich Strike).

▦ Bei vorzeitiger Auflösung der Call Option kann aufgrund zwischenzeitlicher Marktbewegungen ein Auflösungsverlust entstehen.

Der Verkauf einer Put Option hingegen verpflichtet den Verkäufer, einen vereinbarten Betrag zu einem bestimmten Preis bei Fälligkeit zu kaufen bzw. zu übernehmen. Auch hier erhält der Verkäufer für die Übernahme dieses Risikos eine Optionsprämie.

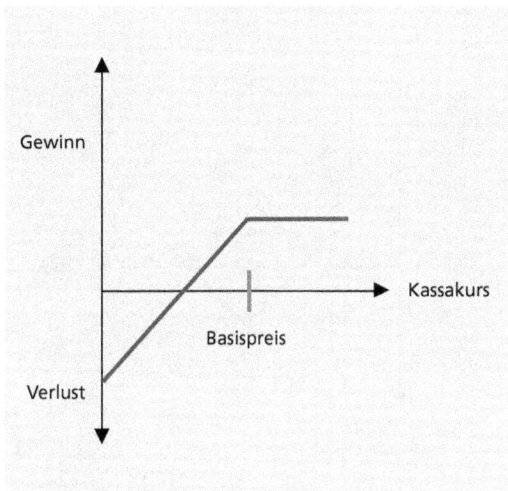

Abb. 10.13: Position: Short Put

Hierbei geht das Unternehmen, wie beim Short Call, ebenfalls von einem seitwärtstendierenden Markt aus. Beim Short Put rechnet es dabei jedoch nicht mit einem Unterschreiten des Strikepreises. Somit ergibt sich ein Spiegelverkehrtes Chancen- und Risikenbild.

Nachdem die vier möglichen Grundpositionen erläutert worden sind, werden im Folgenden einige Strategien aus Plain Vanilla Devisenoptionen näher dargelegt.

10.2.3 Kombinationen aus Plain-Vanilla-Optionen

Straddle

Ein Straddle ist definiert als der Kauf/Verkauf einer Put und Call Option mit gleichen Basispreisen und gleichen Laufzeiten. Ein Straddle beinhaltet die Möglichkeit, von der zukünftigen Volatilität des Devisenmarktes zu profitieren. Ein Long Straddle ist der Kauf eines Put und Call und wird benutzt, wenn eine hohe Volatilität am Markt erwartet wird, die Richtung der Bewegung jedoch unklar ist. Es ist zu beachten, dass durch zwei Prämienzahlungen bei dieser Strategie keine Prämienneutralität gegeben ist. Folglich sollte keine Prämienaversion bestehen. Im Gegensatz dazu wird ein Straddle verkauft (Short Straddle), wenn geringe Volatilitäten erwartet werden. Anzumerken ist, dass die Basispreise beim Short wie auch dem Long Straddle meistens am Geld gewählt werden. Durch den Verkauf der Option bekommt der Stillhalter bei Abschluss die Prämien für zwei Optionen ausbezahlt, trägt jedoch auch das größere Risiko als bei einem Long Straddle. Das Verlustpotenzial des Stillhalters ist in beide Richtungen einer Wechselkursänderung unbegrenzt. Daraus lässt sich folgendes Risikoprofil darstellen:

▶ Long Straddle   = maximaler Verlust bei dem Basispreis der Optionen

▶ Short Straddle   = maximaler Gewinn bei dem Basispreis der Optionen

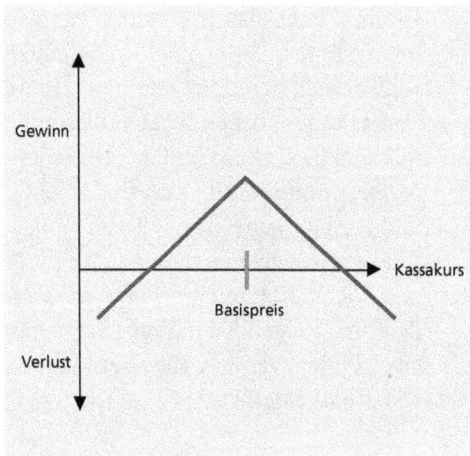

Abb. 10.14: Short Straddle   **Abb. 10.15: Long Straddle**

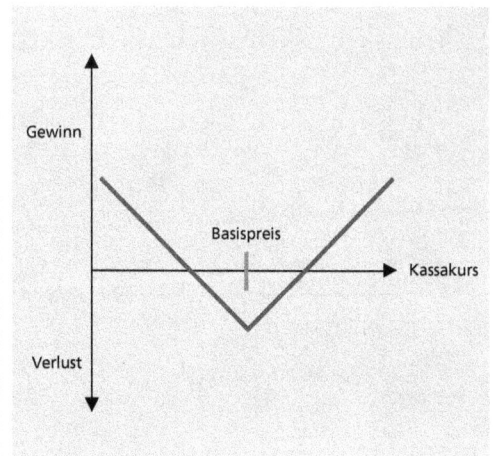

Strangle

Diese Strategie ähnelt dem soeben beschriebenen Straddle. Auch hier werden Put und Call Optionen auf die gleiche Laufzeit gekauft bzw. verkauft. Die Basispreise werden jedoch unterschiedlich gewählt. Der Long Strangle (Kauf der Optionen) setzt auch hier auf Wechselkursschwankungen, unabhängig von der Richtung der Schwankungen. Um einen Gewinn zu erzielen, müssen die Schwankungen jedoch stärker ausfallen als bei einem Straddle, da der Wechselkurs aus der Bandbreite der Basispreise ausbrechen muss. Die Optionen werden hier „aus-dem-Geld" gekauft, welches den Leverage Effekt in der Gewinnzone gegenüber dem Straddle vergrößert. Der Short Strangle setzt hingegen auf minimale Wechselkursschwankungen. Durch die Ähnlichkeiten mit dem Straddle ergeben sich ähnliche Risikoprofile:

▶ Long Strangle   = maximaler Verlust zwischen den Basispreis der Optionen

▶ Short Strangle = maximaler Gewinn zwischen den Basispreis der Optionen

Der Kauf eines Strangle ist ratsam, wenn erwartet wird, dass die Option aus einer gewissen Bandbreite austritt, die Richtung der Bewegung jedoch ungewiss ist und keine Aversion gegenüber einer Prämienzahlung besteht. Der Verkauf eines Strangle hingegen ist ratsam, wenn angenommen wird, dass der Wechselkurs nicht aus einer bestimmten Bandbreite ausbricht. Bei dem Short Strangle ist das erhöhte Risiko zu beachten, für das der Stillhalter jedoch auch, als „Entschädigung", die Stillhalterprämien bekommt.

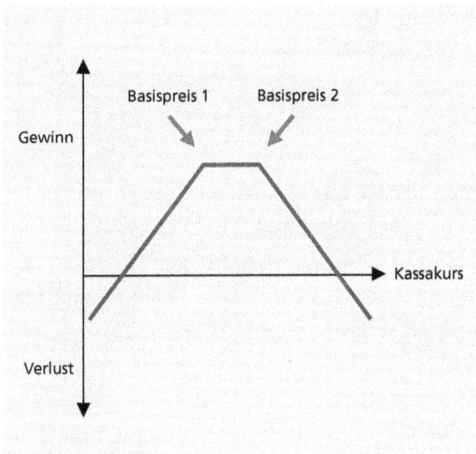

Abb. 10.16: Short Strangle   **Abb. 10.17: Long Strangle**

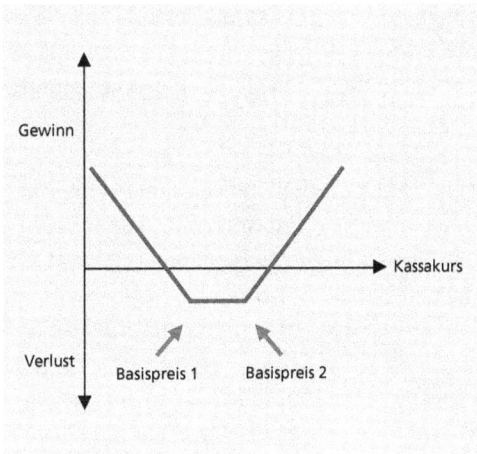

Spread – Strategien

Unter den Spread Strategien lassen sich 2 Gruppen bilden. Die Gruppe der Strategien mit Nettoprämienaufwand (Debit Spread) und die mit Nettoprämieneinnahmen (Credit Spread). Unter die Gruppe mit Nettoprämienaufwand gehören der Bull Call Spread und der Bear Put Spread. Der Bull Put Spread und der Bear Call Spread gehören folglich zu der Gruppe der Strategien mit Nettoprämieneinnahmen.

Bull Call Spread

Ein Bull Call Spread beschreibt eine Optionsstrategie, bei der zum selben Zeitpunkt eine Long Call und eine Short Call Position eingegangen wird. Die erste Call Option wird mit einem niedrigen Basispreis gekauft, die zweite Call Option mit einem höheren Basispreis verkauft. Der maximale Gewinn des Optionsinhabers liegt in der Differenz der Basispreise abzüglich des Prämienaufwands. Dieser stellt wiederum seinen maximalen Verlust dar. Diese Strategie setzt auf leicht steigende Wechselkurse.

Bull Put Spread

Analog zum Bull Call Spread besteht diese Strategie aus einer Long Put Option und einer Short Put Option. Der Long Put wird mit einem niedrigeren, der Short Put mit einem höheren Basispreis ausgestattet. Im Gegensatz zum Bull Call Spread ergibt sich bei dieser Strategie netto eine Prämieneinnahme. Diese stellt den maximalen Gewinn der Strategie dar.

Bear Call Spread

Die Bear Call Spread Strategie beinhaltet, wie der Bull Call Spread, ebenfalls eine Long Call und eine Short Call Position. In diesem Fall wird die erste Call Option jedoch mit einem höheren Basispreis gekauft und die zweite Call Option mit einem niedrigeren Basispreis verkauft. Diese Strategie setzt auf leicht fallende Wechselkurse. Die entstandenen Prämieneinnahmen stellen den Maximalgewinn der Strategie dar.

Bear Put Spread

Analog der Vorgehensweise bei dem Bear bzw. Bull Call Spread wird auch hier zwischen dem Bear Put Spread und dem Bull Put Spread vorgegangen. Folglich wird eine Put Option mit höherem Basispreis gekauft und eine Put Option mit niedrigerem Basispreis gekauft. Bei dieser Strategie ergibt sich ein Nettoprämienaufwand, welcher den maximalen Verlust der Strategie darstellt. Diese Strategie setzt auf sinkende Wechselkurse.

Bei den soeben beschriebenen Strategien – Straddle, Strangle und Spread – handelt es sich um Strategien aus Plain Vanilla Optionen. Die folgenden drei Optionsstrategien (Participating Forward, Risk Reversal, Long Seagull) sind die am häufigsten verwendeten prämienneutralen Strukturen aus der Kombination von PV-Optionen und sollen daher genauer erläutert werden. Sie sind mit einem sicheren Absicherungskurs ausgestattet und limitieren somit das Risiko von unvorteilhaften Wechselkurschwankungen. Kombiniert werden die Strukturen ebenfalls in ähnlicher Weise. Der Verkauf der Option/en und die dadurch erhaltenen Prämien sollen den Prämienaufwand für die Kaufoption abdecken. Veranschaulicht werden die Strategien jeweils mit einem Beispiel aus Sicht eines Exporteurs, der in 6 Monaten einen US-Dollar Zahlungseingang erwartet und sich gegen unvorteilhafte Kursbewegungen absichern möchte.

Für die folgenden Ausführungen und Beispiele gilt die folgende Marktsituation:

▶ Kassakurs EUR/USD:	1,1990
▶ 6-Monats-Terminkurs EUR/USD:	1,2120

Sämtliche Kurse beziehen sich in der weiteren Ausführung auf EUR/USD. Kombinationen zur Teil- bzw. Komplettrefinanzierung von Strategien nennt man entweder Low-Cost Strategien oder auch Zero-Cost Strategien.

Participating Forward

Der Participating Forward, das partizipierende Termingeschäft, ist eine Struktur, die eine Partizipation ermöglicht und gleichzeitig bei entsprechender Ausgestaltung keine Prämienzahlung beinhaltet. Die Struktur ist ein verbindliches Geschäft, einen bestimmten Währungsbetrag an einem bestimmten Datum zu kaufen bzw. zu verkaufen. Die Strategie ermöglicht die Absicherung mit einem „Worst-Case" und eine Partizipation an vorteilhaften Kursbewegungen mit einem vorbestimmten Partizipationsgrad. Der Grad der Partizipation errechnet sich aus dem gewählten „Worst Case" bzw. der „Worst Case" aus der gewünschten Partizipation. Werden im Vergleich zum Devisentermingeschäft mehr Basispunkte aufgegeben, dann ermöglicht dies eine höhere Partizipation. Steht dagegen der Absicherungsgedanke im Vordergrund, d.h. eine Absicherung möglichst nahe am Terminkurs, ergibt sich eine eher geringe Partizipation.

Angenommen, ein Exporteur bekommt in sechs Monaten einen Zahlungseingang über 1 Million US-Dollar. Er wünscht eine Partizipation mit 50% des Gesamtbetrags. Bei einem Terminkurs von EUR/USD 1,2120 ergibt sich ein „Worst Case" von 1,2300 (180 Basispunkte schlechter als der Terminkurs). Daraus ergibt sich folgende Zusammensetzung der Struktur: Kauf eines „aus dem Geld" EUR Call/USD Put und Verkauf eines „im Geld" EUR Put/USD Call.

| ► Kauf | ■ A: EUR Call / USD Put | Strike 1,2300 (1 Mio.) |
| ► Verkauf | ■ B: EUR Put / USD Call | Strike 1,2300 (0,5 Mio.) |

Die Partizipation wird durch das unterschiedliche Verhältnis des EUR Call zum EUR Put erreicht. Der EUR Call wird mit 100% des Betrags gekauft und stellt die Absicherung zum „Worst-Case" dar. Der EUR Put kann je nach Bedarfs- und Risikosituation angepasst werden. In diesem Beispiel wird der EUR Put für 0,5 Millionen US-Dollar verkauft, welches einer Partizipationsmöglichkeit von 50% entspricht.

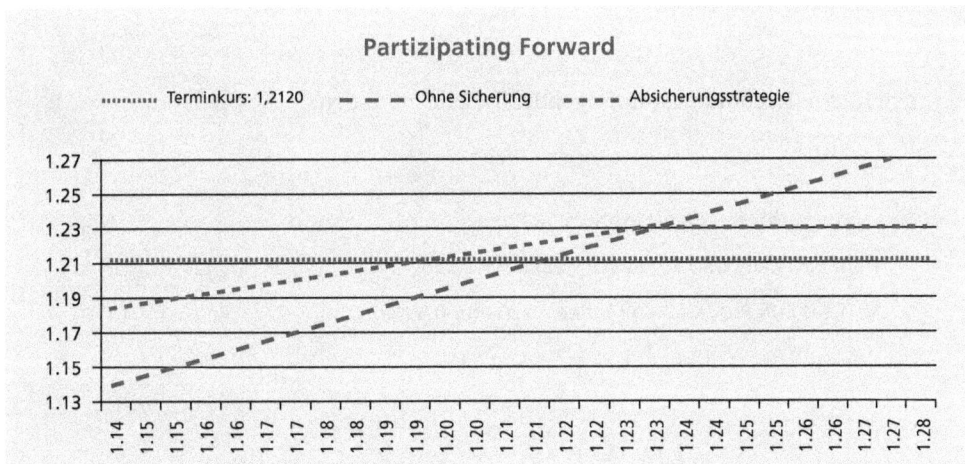

Abb. 10.18: Participating Forward

Szenario 1: Der Kurs liegt bei Fälligkeit über 1,2300. Der Exporteur übt die Kaufoption (Option A) aus und verkauft die US-Dollar zu 1,2300. Aus der Verkaufsoption erfolgt keine Inanspruchnahme. Dieses Szenario entspricht dem „Worst-Case" dieser Strategie.

Szenario 2: Der Kurs liegt bei Fälligkeit unter 1,2300. Der Exporteur lässt die Kaufoption verfallen. Aus der Verkaufsoption (Option B) folgt die Inanspruchnahme. Der Restbetrag (500.000 US-Dollar) kann zur aktuell besseren Kasse gehandelt werden.

Wie dem Schaubild zu entnehmen ist, partizipiert man nicht zu 100% mit dem Kursverlauf, sondern wie bereits erwähnt, nur mit 50%. Im Schaubild verläuft die Absicherungslinie flacher als die Kurslinie. Folgendes Rechenbeispiel soll dies verdeutlichen:

Angenommen, der Kurs liegt bei Fälligkeit bei 1,1600. Durch die Inanspruchnahme der Verkaufsoption müssen 500.000 US-Dollar bei 1,2300 gehandelt werden. Die restlichen 500.000 US-Dollar können bei der günstigen Kasse bei 1,1600 gehandelt werden. Daraus ergibt sich letztendlich der Absicherungskurs.

USD 500.000 / 1,2300 USD/EUR	=	406.504,07 EUR
USD 500.000 / 1,1600 USD/EUR	=	431.034,48 EUR
Summe		837.538,55 EUR
Absicherungskurs		*EUR/USD 1,1940*

Eine detaillierte Rechnung ist in folgender Tabelle zu finden:

Rechnung „Minderpartizipation" – Participation Forward

Kauf EUR Call / USD Put Strike 1,2300 für 1 Mio.

Verkauf EUR Put / USD Call Strike 1,2300 für 0,5 Mio.

Kursverlauf	Betrag aus USD 0,5 Mio. zu 1,2300	Betrag aus USD 0,5 Mio. zur Kasse	Summe	Absicherungskurs
1,2300	406.504,07 €	406.504,07 €	813.008,13 €	1,2300
1,2250	406.504,07 €	408.163,27 €	814.667,33 €	1,2275
1,2200	406.504,07 €	409.836,07 €	816.340,13 €	1,2250
1,2150	406.504,07 €	411.522,63 €	818.026,70 €	1,2225
1,2100	406.504,07 €	413.223,14 €	819.727,21 €	1,2199
1,2050	406.504,07 €	414.937,76 €	821.441,82 €	1,2174
1,2000	406.504,07 €	416.666,67 €	823.170,73 €	1,2148
1,1950	406.504,07 €	418.410,04 €	824.914,11 €	1,2122
1,1900	406.504,07 €	420.168,07 €	826.672,13 €	1,2097
1,1850	406.504,07 €	421.940,93 €	828.444,99 €	1,2071
1,1800	406.504,07 €	423.728,81 €	830.232,88 €	1,2045
1,1750	406.504,07 €	425.531,91 €	832.035,98 €	1,2019
1,1700	406.504,07 €	427.350,43 €	833.854,49 €	1,1993
1,1650	406.504,07 €	429.184,55 €	835.688,61 €	1,1966
1,1600	406.504,07 €	431.034,48 €	837.538,55 €	1,1940
1,1550	406.504,07 €	432.900,43 €	839.404,50 €	1,1913
1,1500	406.504,07 €	434.782,61 €	841.286,67 €	1,1887
1,1450	406.504,07 €	436.681,22 €	843.185,29 €	1,1860
1,1400	406.504,07 €	438.596,49 €	845.100,56 €	1,1833

Tab. 10.5: Minderpartizipation

Die Prämienneutralität ergibt sich wie folgt:

▶	Participating Forward			
	Kauf	EUR Call / USD Put	Strike 1,2300	-1.88%
	Verkauf	EUR Put / USD Call	Strike 1,2300	3.75%
	da der Verkauf nur mit 50% des Betrags			1.88%
				-0.01%

Abb. 10.19: Pramienneutralität Participating Forward

Risk Reversal

Der Risk Reversal bietet die Möglichkeit, sich eine bestimmte Bandbreite fest zu sichern. In dieser Bandbreite kann die gewünschte Währung gekauft bzw. verkauft werden. Folglich beinhaltet die Struktur eine feste Absicherung mit dem „Worst-Case" und bietet eine 100% Partizipation bis zu einer bestimmten Obergrenze.

Ein Exporteur bekommt in sechs Monaten einen Zahlungseingang über 1 Million US-Dollar und ist bereit, vom Terminkurs (1,2120) 180 Basispunkte aufzugeben (1,2300). Dadurch erhält der Exporteur die Partizipationschance bis zum Kurs 1,1900 (220 Basispunkte). Durch die Aufgabe von 180 Basispunkten hat er somit die Chance auf 220 Basispunkte.

Zusammensetzung der Struktur: Kauf einer „aus dem Geld" EUR Call/USD Put Option und Verkauf einer „aus dem Geld" EUR Put/USD Call Option.

| ▶ | Kauf | ■ A: EUR Call / USD Put | Strike 1,2300 (1 Mio.) |
| ▶ | Verkauf | ■ B: EUR Put / USD Call | Strike 1,1900 (1 Mio.) |

Die Absicherung zu dem „Worst-Case" erfolgt durch den Kauf des EUR Calls bei 1,2300. Die Partizipation ist begrenzt durch den Verkauf des EUR Put bei 1,1900.

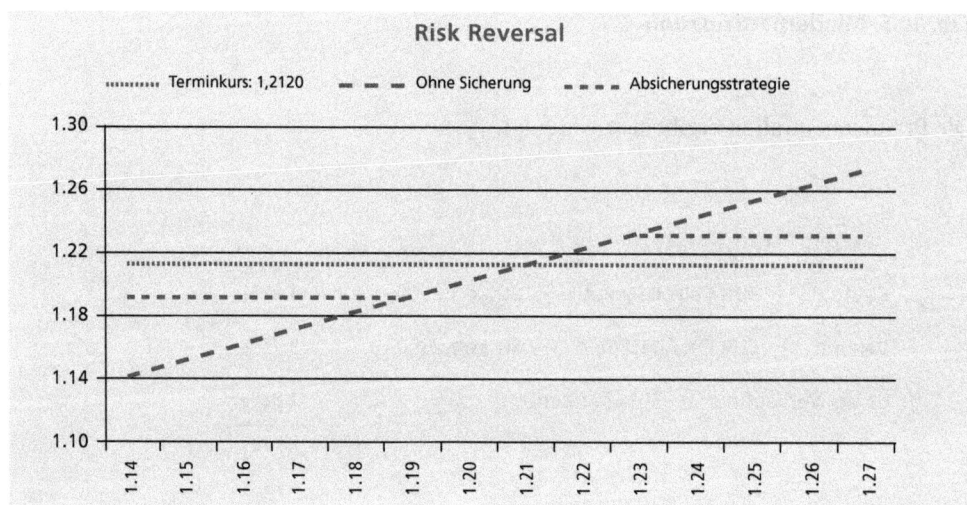

Abb. 10.20: Risk Reversal

Szenario 1: Der Kurs liegt bei Fälligkeit über 1,2300. Der Exporteur übt die gekaufte EUR Call Option (Option A) aus und verkauft die US-Dollar zu 1,2300. Aus der Verkaufsoption erfolgt keine Inanspruchnahme. Dieses Szenario ist der „Worst-Case" dieser Struktur.

Szenario 3: Der Kurs liegt bei Fälligkeit innerhalb der Bandbreite, zwischen 1,2300 und 1,1900. Der Exporteur lässt die Kaufoption verfallen und handelt am günstigeren Markt. Es erfolgt keine Inanspruchnahme durch die Verkaufsoption.

Szenario 3: Der Kurs liegt bei Fälligkeit unter 1,2300. Der Exporteur lässt die Kaufoption verfallen und wird aus der Verkaufsoption (Option B) bei 1,1900 in Anspruch genommen. Dadurch ist das „Best-Case" Szenario durch die Barriere bei 1,1900 begrenzt.

Die Prämienneutralität ergibt sich hier wie folgt:

▶ **Risk Reversal**

Kauf	EUR Call / USD Put	Strike 1,2300	-1.88%
Verkauf	EUR Put / USD Call	Strike 1,1900	1.88%
			0.00%

Abb. 10.21: Pramienneutralität Risk Reversal

Seagull
Der Long Seagull ist ebenfalls eine prämienneutrale Struktur mit festem Absicherungskurs. Im Gegensatz zum Participating Forward bietet der Seagull eine Partizipationsmöglichkeit mit 100%, im Gegensatz zum Risk Reversal eine unbeschränkte Partizipationsmöglichkeit. Diese Chance wird allerdings erst erreicht, wenn der Kurs sich schon weit in die vorteilhafte Richtung bewegt hat.

Der Exporteur sichert sich bei einem Kurs von 1,2500 fest gegen unvorteilhafte Kursbewegungen ab. Ab einem Kurs von 1,1200 partizipiert er mit 100% an einem weiter fallenden Euro. Der Exporteur gibt zum Terminkurs 380 Basispunkte auf und hat die Chance auf unbegrenzte Partizipation.

Zusammensetzung der Struktur: Kauf eines „aus dem Geld" EUR Call/USD Put und eines „aus dem Geld" EUR Put/USD Call. Diese zu zahlenden Prämien werden durch den Verkauf eines „am Geld" EUR Put/USD Call ausgeglichen.

▶ Kauf	▪ A: EUR Call / USD Put	Strike 1,2500
	▪ B: EUR Put / USD Call	Strike 1,1300
▶ Verkauf	▪ C: EUR Put / USD Call	Strike 1,2100

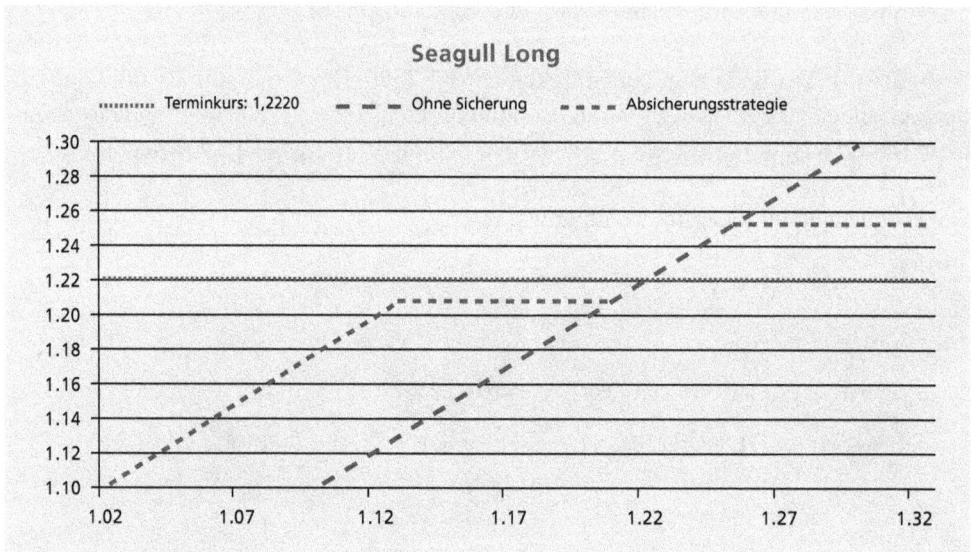

Seagull Long

Abb. 10.22: Seagull – Long

Szenario 1: Der Kurs liegt bei Fälligkeit über 1,2500. Aus der Verkaufsoption erfolgt keine Inanspruchnahme. Die gekaufte USD Call Option (Option A) wird vom Exporteur nicht ausgeübt. Durch die Ausübung der gekauften USD Put Option kann der Exporteur den Zahlungseingang in US-Dollar bei 1,2500 verkaufen.

Szenario 2: Der Kurs liegt bei Fälligkeit zwischen 1,2100 und 1,2500. Auch hier erfolgt keine Inanspruchnahme aus der verkauften Option (Option C). Die gekauften Optionen (Option A+B) lässt der Exporteur verfallen, da er am Markt zurzeit günstiger handeln kann.

Szenario 3: Der Kurs liegt zwischen 1,1300 und 1,2100. Die gekaufte EUR Call Option bei 1,2500 lässt der Exporteur verfallen, da er am Markt günstiger handeln kann. Auch die EUR Put Option bei 1,1300 lässt der Exporteur verfallen. Aus der Verkaufsoption erfolgt die Inanspruchnahme. Der Exporteur ist verpflichtet, bei 1,2100 zu handeln.

Szenario 4: Der Kurs liegt bei Fälligkeit unter 1,1300. Der Exporteur lässt die Euro Call Option (Option A) verfallen. Aus der Verkaufsoption (Option B) folgt die Inanspruchnahme, der Exporteur ist verpflichtet den US-Dollar-Betrag zu 1,2100 zu liefern. Durch den Kauf der EUR Put Option (Option B) hat der Exporteur das Recht US-Dollar bei 1,1300 zu kaufen. Durch diese Geschäfte entsteht ein Kursverlust von 800 Basispunkten (1,2100 - 1,1300). Der Exporteur hat jedoch jetzt die Möglichkeit, am günstigen Kassamarkt (z.B.: 1,1000) die US-Dollar zu verkaufen. Es ergibt sich ein Absicherungskurs von 1,1800 (1,1000 + 0,0800), der 320 Punkte besser ist als der ursprüngliche Terminkurs.

▶ **Seagull**

Kauf	EUR Call / USD Put	Strike 1,2500	-1.70%
Kauf	EUR Put / USD Call	Strike 1,1300	-0.46%
Verkauf	EUR Put / USD Call	Strike 1,2100	2.26%
			-0.10%

Abb. 10.23: Pramienneutralität Seagull

10.3 Exotische Devisenoptionen

Die beschriebenen Plain Vanilla Optionen besitzen feste Charakteristika wie den Optionstyp (Call/Put), die Laufzeit, den Strikepreis und das Währungspaar. Wie bereits ausgeführt, sind die Prämien jedoch teilweise teuer, wodurch auch die Absicherungskosten der Unternehmen hoch sind. Bei der Suche nach billigeren Alternativen haben sich exotische Devisenoptionen herausgebildet. Mittlerweile hat sich an den Devisenmärkten eine große Zahl exotischer Devisenoptionen durchgesetzt.

10.3.1 Barriers

Barrier Optionen sind Optionen, deren Auszahlungsprofil davon abhängig ist, ob ein bestimmtes Kursniveau während der Laufzeit (amerikanische Option) oder am Ende der Laufzeit (europäische Option) erreicht oder über- bzw. unterschritten wird. Neben dem Basispreis wird bei Abschluss dieses bestimmte Kursniveau, auch Trigger bekannt, festgelegt. Wird dieser Trigger erreicht, wird die Option entweder aktiviert (Knock-In) oder deaktiviert (Knock-Out). Knock-Out Optionen sind die am häufigsten eingesetzten Barrier Optionen.

Liegt bei einer Knock-Out Option der Trigger unterhalb des aktuellen Kassakurses, spricht man von einer „Down-and-Out" Option. Liegt dagegen der Trigger über dem aktuellen Kassakurs, spricht man von einer „Up-and-Out" Option. Gleichermaßen sind die Bezeichnungen bei den Knock-In Optionen vergeben. Notiert der aktuelle Kassakurs über dem Trigger, wird von einer „Down-and-In" Option gesprochen, liegt der Trigger hingegen über dem aktuellen Kassakurs, wird dies als „Up-and-In" Option bezeichnet.

10.3.2 Average Options / Durchschnittsoptionen

Die Average Optionen oder auch Asiatischen Optionen, wobei dies auf keinerlei Herkunft schließen lässt, treten als zwei unterschiedliche Typen auf: Die Average Price Option (APO) und die Average Strike Option (ASO).

Bei der ASO ist der Abrechnungswert abhängig vom Kassakurs bei Fälligkeit, sowie von einem Durchschnittskurs über die Laufzeit der Option. Der Basispreis ist bis zum Ende der Laufzeit nicht fest vereinbart. Der Durchschnittskurs kann sich aus beliebigen Kursen und beliebigen Zeitintervallen zusammensetzen. Diese Vertragsmodalitäten werden bei Abschluss der Option festgelegt. Die ASO wird vor allem als Absicherungsinstrument von Unternehmen benutzt, um eine Reihe von Zahlungsströmen mit einer einzigen Option abzusichern. Dies reduziert die Absicherungskosten im Vergleich zu einer Serie von PV-Optionen. Bei Laufzeitende wird die Option gegen den Kassakurs ausgeübt. Die Lieferung kann über einen Barausgleich (Cash Settlement) oder über einen physischen Ausgleich (Physical Settlement) stattfinden. Diese Form der Average bzw. Asiatischen Optionen ist die gebräuchlichere am Markt. Die ASO werden auch Floating Strike Optionen oder Floating Strike Asian Optionen genannt.

Wie bereits erwähnt, ist der zweite Typ von asiatischen Optionen die Average Price Option. Dies ist eine Barausgleichsoption, die bei Fälligkeit gegen einen Durchschnittkurs, anstelle vom Kassakurs, ausgeübt wird. Auch hier kann die Häufigkeit der Kursbestimmungen für den Durchschnittskurs frei gewählt werden und wird ebenfalls bei Abschluss festgelegt. Eine weitere gängige Bezeichnung für die APO ist die Average Rate Option (ARO).

Es ist noch anzumerken, dass für die Berechnung des Durchschnitts bei beiden Optionsvarianten normalerweise das arithmetische Mittel verwendet wird. Es besteht die Möglichkeit, andere Berechnungsmodelle vertraglich festzulegen. Wird für die Berechnung das geometrische Mittel zu Grunde gelegt, nennt man die Option oftmals „Geometric Mean Average Option".

10.3.3 Lookback

Die Lookback Optionen können als Extremwertoptionen bezeichnet werden. Im Gegensatz zu den Average Optionen beziehen sie sich nicht auf einen Durchschnittskurs, sondern auf extreme Kursrealisationen bzw. Situationen. Auch hier lässt sich die Optionsart in zwei Gruppen unterteilen. Auf der einen Seite die Rate Lookback Optionen und auf der anderen Seite die Strike (Basispreis) Lookback Optionen.

Bei den Rate Lookback Optionen wird der Basispreis bei Abschluss wie bei einer PV-Option festgelegt. Bei Fälligkeit berechnet sich der Auszahlungsbetrag gegenüber dem höchsten (bei einer Call-Option) bzw. dem niedrigsten (bei einer Put-Option) Schlusskurs über die Laufzeit der Option. Der Kassakurs bei Fälligkeit wird bei dieser Option völlig außer Acht gelassen. Aufgrund der beschriebenen Eigenschaften und des folglich höheren Auszahlungspotenzials als bei einer PV-Option ist auch die Prämie dieser Lookback Option höher als bei einer vergleichbaren PV-Option. Die Strike Lookback Option unterscheidet sich in der Eigenschaft, dass der Basispreis bis zur Fälligkeit der Option nicht festgelegt ist. Bei Fälligkeit wird der Basispreis als Höchstkurs (bei der Put-Option) oder als Tiefstkurs (bei der Call-Option) des Kassakurses über die Laufzeit festgelegt. Die Auszahlung erfolgt entweder als Barausgleich oder als physischer Ausgleich gegenüber dem aktuellen Kassakurs bei Fälligkeit. Auch hier ergibt sich aus dem Auszahlungsprofil eine höhere Prämie als bei einer vergleichbaren PV-Option.

10.3.4 Cliquet und Ladder Option

Die Cliquet oder Ratchet Option ist eine Option, die in regelmäßigen Zeitabständen den Basispreis an den aktuellen Marktkurs anpasst. An jedem dieser Anpassungszeitpunkte wird jeglicher innerer Wert festgehalten. Dies wird als „Lock-In" bezeichnet, weshalb dieser Optionstyp manchmal auch „Lock-In Option" genannt wird. Die inneren Werte werden bis zum Laufzeitende akkumuliert.

Ähnlich der Cliquet Option funktioniert auch die Ladder Option. Die Anpassungen erfolgen jedoch nicht periodisch, sondern bei Erreichen von bestimmten festgelegten Kursniveaus. Im Gegensatz zur Cliquet Option werden die inneren Werte jedoch nicht akkumuliert, sondern es wird nur der höchste innere Wert festgehalten. In seltenen Fällen können jedoch auch bei der Ladder Option die inneren Werte akkumuliert werden.

10.3.5 Chooser

Dieser Optionstyp hat Ähnlichkeit mit einem Straddle europäischen Typs. Der Unterschied besteht darin, dass der Optionskäufer nach einer bestimmten Laufzeit entscheiden muss, ob die Option eine Put oder eine Call Option ist. Nach dieser Entscheidung besteht eine, bei einem Chooser Straddle zwei, PV-Optionen. Neben der einfachen Chooser Option, die einen Call und einen Put mit demselben Ausübungspreis und derselben Laufzeit beinhaltet, gibt es noch die komplexen Chooser Options, deren Call und Put unterschiedliche Ausübungspreise und/oder unterschiedliche Laufzeiten aufweisen. Der Erfolg der Chooser Optionsstrategie ist stark von der Erwartung, und somit von der Entscheidung des Inhabers am Entscheidungstag, abhängig. Der Käufer wird diejenige Option wählen, die im Geld liegt, also den größeren Wert aufweist. Liegt der aktuelle Kassakurs des Währungspaares niedrig, dann wird der Käufer sich für die Put Option entscheiden. Liegt hingegen der Kassakurs hoch, wird er die Call Option wählen. Der Wert der Chooser Option am Entscheidungstag setzt sich dementsprechend aus dem Wert der Put und der Call Option zusammen. Je mehr Zeit zwischen dem Abschlusstag und dem Entscheidungstag liegt, desto höher ist die Wahrscheinlichkeit, dass die zugrunde liegende Put bzw. Call Option bei Fälligkeit im Geld endet. Daraus folgt, dass die Chooser Option umso teurer wird, je weiter der Entscheidungstag vom Abschlusstag entfernt liegt.

10.3.6 Digitale / Binäre (Binary) Optionen

Eine binäre oder digitale Option fällt unter die Rubrik der Optionen mit einfacher Auszahlung. Die Option zahlt einen bestimmten fixen Betrag aus, wenn bestimmte Bedingungen erreicht werden. Der fixe Betrag sowie die spezifischen Bedingungen werden bei Optionsabschluss festgelegt. Im Gegensatz zu PV-Optionen, die ein bestimmtes Auszahlungsschema vorweisen, haben digitale Optionen ein „alles oder nichts" Auszahlungsprofil. Dies bedeutet, dass bei Nichterreichen der Bedingungen die Option keinen Betrag auszahlt. Mittlerweile hat sich eine sehr große Vielfalt an verschiedenen Ausgestaltungsformen einer digitalen Option am Markt etabliert. Die folgenden Beispiele sollen behilflich sein, um einen Eindruck von der Vielzahl der Möglichkeiten zu bekommen:

- Die Option zahlt einen fixen Betrag aus, sollte der Kassakurs bei Fälligkeit über/unter einem bestimmten Level stehen.

- Die Option zahlt einen fixen Betrag aus, sollte der Kassakurs vor Fälligkeit über/unter einem bestimmten Level stehen.

- Sollte der Kassakurs eine bestimmte Bandbreite nicht verlassen, dann zahlt die Option einen fixen Betrag aus.

- Die Option zahlt einen fixen Betrag aus, sollte der Kassakurs bei Fälligkeit über/unter einem bestimmten Level stehen und wenn ein anderes Level während der Laufzeit gehandelt wurde.

Wie bereits aus diesen wenigen Beispielen ersichtlich ist, gibt es fast keine Grenzen zur Ausgestaltung von digitalen Optionen. Es sei nochmals darauf hingewiesen, dass im Falle eines Nichteintretens der Bedingungen die Option keinerlei Gewinn auszahlt. Somit ist es fraglich, ob sich diese Art von exotischer Devisenoption für das Absichern von Währungsrisiken eignet oder ob es sich vielmehr um ein Spekulationsprodukt handelt.

10.3.7 Basket

In der letzten Zeit hat im Besonderen die Basket Option Interesse auf sich gezogen. Diese Option ermöglicht es, eine ganze Reihe von Fremdwährungspositionen zusammenzufassen und diese mit einer einzigen Option abzusichern. International agierende Unternehmen haben es oftmals mit einer Vielzahl von Währungen zu tun, woraus sich folglich auch eine Vielzahl von Risiken ergibt. Anstatt diese Risiken einzeln abzusichern, bietet die Basket Option die Möglichkeit, einen Korb von Währungen mit einer einzelnen Option abzusichern. Diese Option auf einen unternehmensspezifischen Währungskorb erweist sich, unter der Voraussetzung der nicht vollständigen Korrelation der einzelnen Wechselkursänderungen, günstiger als mehrere klassische Devisenoptionen. Um diesen Zusammenhang etwas näher zu erläutern, muss auf die Preisbestimmung einer Basket Option eingegangen werden. Aus dem Währungskorb wird ein Index der verschiedenen Währungen in einer Währung (z.B.: USD oder EUR) gebildet. Der Preis der Option bezieht sich nicht auf die Wahrscheinlichkeit einer Preisänderung der verschiedenen Währungen, sondern auf die des Index. Einzelne Ausreißer innerhalb des Währungskorbs können somit durch eine gegenläufige Entwicklung der anderen Währungen ausgeglichen werden. Daraus folgt jedoch auch die Tatsache, dass gleichlaufende bzw. hoch korrelierte Währungen einen kritischen Einfluss auf die Optionsprämie haben.

Folgende Vorteile lassen sich festhalten:

- Der Verwaltungs- und Kontrollaufwand ist im Vergleich zu einer Vielzahl von Einzeloptionen wesentlich geringer.

- Die Option weist eine höhere Flexibilität gegenüber Einzeloptionen auf. Theoretisch lässt sich eine unbegrenzte Anzahl von Währungspaaren in einer Basket Option verbinden. Voraussetzung ist natürlich, dass für die Währungen ausreichend Liquidität vorhanden ist.

- Je nach Zusammenstellung des Währungskorbs lassen sich die Kosten gegenüber mehreren Einzeloptionen um bis zu 20% senken.

Abschließend lässt sich festhalten, dass sich der Preis der Option, und dadurch letztendlich die Absicherungskosten, durch einen gut diversifizierten Währungskorb mit nicht korrelierten Währungen vermindern lässt.

10.3.8 Compound

Bei der Compound Option handelt es sich um eine Option auf eine Option. Dies bedeutet, dass das zu liefernde Basisobjekt bei Ausübung der Compound Option wieder eine Option ist. Im Zusammenhang mit Devisenoptionen handelt es sich bei dem zu liefernden Basisobjekt größtenteils um eine PV-Option europäischen Typs. Da es sich bei der PV-Option um eine Kauf- wie auch eine Verkaufsoption handeln kann, werden folgende vier Kombinationsmöglichkeiten unterschieden:

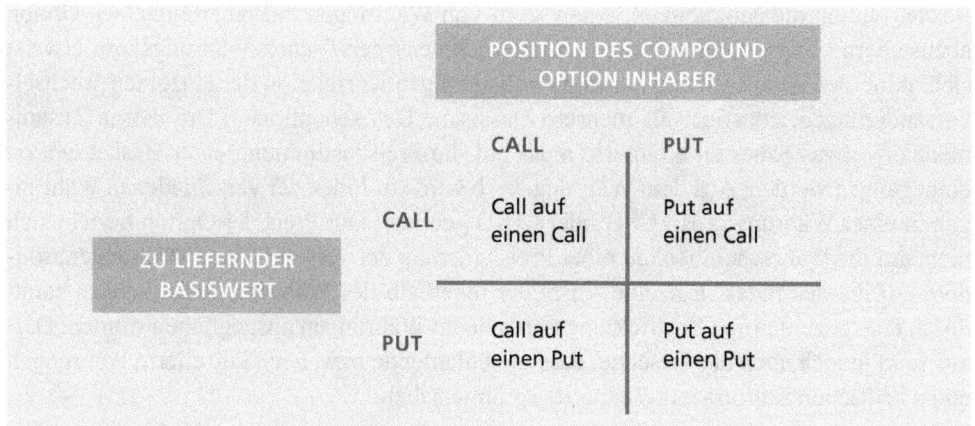

		POSITION DES COMPOUND OPTION INHABER	
		CALL	PUT
ZU LIEFERNDER BASISWERT	CALL	Call auf einen Call	Put auf einen Call
	PUT	Call auf einen Put	Put auf einen Put

Abb. 10.24: Positionen einer Compound Option

Folgendes Ausübungsschema lässt sich zusammenfassen: Eine Compound Call Option wird vom Inhaber ausgeübt, wenn der Marktpreis des Basiswerts (der Option) bei Fälligkeit der Compound Option größer ist als der Basispreis der Compound Option. Dies kann durch Wechselkursschwankungen oder durch einen Anstieg der Volatilität der Option der Fall sein. Folglich wird eine Compound Put Option ausgeübt, wenn bei Fälligkeit der Compound Option der Marktpreis des Basiswerts unter dem Basispreis der Compound Option liegt. Dies kann ebenfalls durch Wechselkursbewegungen oder durch eine Abnahme der Volatilität eintreten. Einsatz findet dieser Optionstyp beispielsweise bei internationalen Ausschreibungsverfahren. Für diese Unternehmen besteht zunächst eine Ungewissheit über die Zuteilung sowie über eine Notwendigkeit der Absicherung bei Auftragsvergabe. Eine Compound Option, deren Laufzeit bei Auftragsvergabe endet, und eine Plain Vanilla

Option, deren Fälligkeit mit dem erwarteten Zahlungseingang übereinstimmt, bietet eine sehr gute Kurssicherungsalternative gegenüber einer klassischen Option. Die Compound Optionen zeichnen sich durch eine geringe Prämie aus und erscheinen dadurch auf den ersten Blick als überragendes Kurssicherungsinstrument. Die Gesamtkosten sind jedoch höher als bei einer PV-Option. Es muss berücksichtigt werden, dass die Zeitwertkomponenten der Compound und der PV-Option Additiv sind. Bei Ausübung der Compound Option erzielt der Inhaber somit geringere Erträge als bei einer klassischen Devisenoption. Dennoch bietet dieser Optionstyp die Möglichkeit, die Anfangsprämie zu reduzieren und größere Flexibilität zu integrieren.

10.3.9 Optionen mit aufgeschobener Prämienzahlung

Dieser Typ von Option, auch als „Deferred Premium Option" oder „Boston Option" bekannt, zeichnet sich dadurch aus, dass sie keine Prämienzahlung bei Abschluss beinhaltet. Entstanden ist diese Option aus der Problematik heraus, dass Unternehmen sich mögliche positive Wechselkursentwicklungen durch ein Devisentermingeschäft nicht entgehen lassen wollten. Oftmals wurde deshalb zusätzlich zum Devisentermingeschäft eine Devisenoption gekauft bzw. verkauft. Die Problematik bestand darin, dass Unternehmen oft nicht in der Lage waren, die Prämienzahlung bei Abschluss (Upfront Premium) zu bezahlen. Erstmals wurde dieser Optionstyp von der Bank of Boston im Jahr 1985 eingeführt, um diesem Liquiditätsproblem entgegen zu wirken. Die Boston Option kombiniert ein DTG mit einer Devisenoption. Der Kunde kauft jedoch die Boston Option als ein Produkt. Die Prämie für die Option wird durch abzinsen auf den Verfalltag, auf das Ende der Laufzeit, im Terminkurs berücksichtigt. Die Prämie wird somit durch einen schlechteren Terminkurs bezahlt, und das Liquiditätsproblem ist somit beseitigt. Diese Art der Option stellt somit keine reine Option dar, sondern eine kombinierte Strategie aus einem DTG und einer Devisenoption.

10.3.10 Rainbow Optionen

Rainbow Optionen fassen eine Reihe von exotischen Devisenoptionen zusammen. Diese haben alle gemeinsam, dass sie sich nicht auf einen einzelnen Basiswert beziehen. Eine Option, die zum Kauf von USD und GBP gleichzeitig berechtigt, stellt eine solche Rainbow Option dar. Ähnlich wie bei Basket Optionen hat auch hier die Korrelation der zugrunde liegenden Basisobjekte einen direkten Einfluss auf den Optionspreis. Diese beiden Optionstypen sollten jedoch nicht verwechselt werden, da die zugrunde liegenden Währungspaare bei einer Basket Option als ein Objekt betrachtet werden, bei der Rainbow Option dagegen als separate Objekte. Beinhaltet eine Rainbow Option zwei zugrunde liegende Währungspaare, wird auch von Two-Color-Rainbow-Optionen gesprochen.

10.3.11   Options on Currency Futures

Erstmals wurden Optionen auf Futurekontrakte 1982 von der Commodity Futures Trading Commission versuchsweise eingeführt. Seit 1987 werden diese Optionen permanent gehandelt und haben seitdem stark an Popularität gewonnen. Eine Option auf einen Währungsfuture beschreibt das Recht, jedoch nicht die Verpflichtung, an einem bestimmten zukünftigen Datum zu einem bestimmten Preis in einen Währungsfuture Kontrakt einzusteigen. Genauer gesagt, beschreibt eine Long-Call-Option das Recht, eine Long Future Position einzugehen, während eine Long-Put-Option das Recht beschreibt, eine Short Future Position einzugehen. Die beiden Stillhalterpositionen bilden die Gegenpositionen zu den voran beschriebenen.

10.3.12   Window – Optionen

Window Optionen können zu den verschiedensten Optionen als zusätzliches Ausstattungsmerkmal hinzugefügt werden. Am häufigsten wird dies in Verbindung mit Barrier Optionen angewendet. Indem der Option ein „Window" hinzugefügt wird, ist der Trigger, die Kurschwelle oder Knock-In bzw. Knock-Out Level, nicht während der ganzen Laufzeit aktiv. Dadurch kann eine Barrier Option so ausgestaltet werden, dass die Kursschwellen nur in den letzten drei Monaten der Laufzeit aktiv sind. Je nach Ausgestaltung der Strategie und Position des Investors erhöht dies die Wahrscheinlichkeit, dass die Option nicht aktiviert (eingeknockt) wird und sich somit das Auszahlungsprofil nicht verschlechtert. Diese Tatsache schlägt sich in einer höheren Prämie für die Option nieder. Wie bei den meisten exotischen Devisenoptionen bestehen auch hier verschiedene Variationsmöglichkeiten. Das „Window", die Zeit, in der die Kursschwelle aktiv ist, kann von unterschiedlicher Dauer sein und sowohl am Anfang als auch am Ende der Optionslaufzeit stehen.

10.3.13   Weitere exotische Devisenoptionen

Neben den beschriebenen Optionen existieren noch weitere exotische Optionen am Markt. Diese spielen jedoch für das Währungsrisikomanagement von Unternehmen und Konzernen so gut wie keine Rolle und sollen daher nur erwähnend angeführt werden.
   Die Quanto Option spielt vor allem für Banken und hier insbesondere bei Fondsmanagern und Zertifikatshäusern eine wichtige Rolle. Um das Kursrisiko bei Optionen auf ausländische Indizes zu vermeiden, kann auf eine Quanto-Option zurückgegriffen werden. Die Quanto-Option bezieht sich zwar auf den in ausländischer Währung lautenden Index, der Wechselkurs, mit dem der Anlagebetrag bei Fälligkeit umgerechnet wird, wird jedoch bei Beginn der Laufzeit bereits festgelegt. Diese Währungsabsicherung ist in der Regel etwas teurer als die mit PV-Optionen.

Die Multi-Faktor Optionen gehen streng genommen über das Währungsrisikomanagement hinaus. Sie verbinden zwei unterschiedliche Risiken in einem Absicherungsinstrument. Beispielsweise lassen sich mit einer Multi-Faktor Option Währungskurse und Rohstoffpreise verbinden.

10.4 Strukturen aus exotischen Devisenoptionen / Structured Forwards

Es wurden bereits verschiedene Strategien erläutert, die sich aus Plain Vanilla Optionen zusammensetzen. Durch die Entwicklung der exotischen Devisenoptionen haben sich folglich auch verschiedenste Strategien aus Kombinationen von exotischen und PV-Optionen gebildet. Als Oberbegriff hat sich der Begriff „strukturierte Termingeschäfte" bzw. „Structured Forwards" am Markt durchgesetzt. Die Problematik dieser Strategien besteht vor allem in der Undurchsichtigkeit und ungenügenden Klassifizierung der vorhandenen Produkte. Die Strategien werden oftmals kurz beschrieben, und dem Kunden wird die Zusammensetzung der Struktur selten offen gelegt. Die Problematik der Klassifizierung, bzw. der Gruppierung, ist dabei ein oft beobachtetes Phänomen bei Finanzinnovationen. Die Banken wollen dabei das Alleinstellungsmerkmal besonders herausstellen, entwickeln neue Namen und sorgen bei den Kunden somit für Intransparenz. Die folgenden Ausführungen sollen den Markt der strukturierten Produkte durchleuchten und die wichtigsten und weit verbreitetsten Strategien darstellen. Dabei muss gesagt werden, dass diese Aufstellung keinen Vollständigkeitsanspruch erhebt. Dies ist auf Grund der Fülle der Strategien, der erschwerten Informationsbeschaffung sowie der Schnelllebigkeit des Marktes nicht möglich. Das folgende Kapitel soll dazu dienen, einen Einblick in die Möglichkeiten der Strukturierung von Devisenoptionstrategien zu bekommen. Der Begriff „synthetisches Devisentermingeschäft" stellt im Kontext der „Structured Forwards" folgende Situation dar: Der Exporteur besitzt beispielsweise eine Long USD Put, sowie eine Short USD Call Position mit dem gleichen Basispreis bei EUR/USD 1,2500. Er hat das Recht US-Dollar zu verkaufen sowie eventuell die Pflicht US-Dollar zu kaufen. Sollte der Kurs bei Fälligkeit über EUR/USD 1,2500 liegen, wird der Exporteur die USD Put Option ausüben. Liegt der Kurs hingegen unterhalb der 1,2500, erfolgt die Inanspruchnahme aus der Short USD Call Position. Der bestmögliche Kurs liegt folglich bei dem Basispreis von EUR/USD 1,2500. Bei den folgenden Strategien gilt die folgende Marktsituation:

▶ Kassakurs: 1,1990

▶ 6-Monats-Terminkurs: 1,2220

Sämtliche Kurse beziehen sich in der weiteren Ausführung auf EUR/USD. Neben den hier
aufgeführten „structured forwards" sind im Anhang weitere strukturierte Optionsstrategi-
en im Format eines Fact Sheets aufgeführt.

10.4.1   Devisentermingeschäft mit Partizipationschance

Das DTG mit Partizipationschance ist eine Optionsstrategie mit fester Absicherung gegen
unvorteilhafte Wechselkursbewegungen. Dieser „Worst-Case" ist etwas schlechter als der
Terminkurs bei Abschluss. Zusätzlich bietet die Konstruktion die Möglichkeit einer 100-
prozentigen Partizipation bei Prämienneutralität. Allerdings ist die Partizipationschance
bis zu einem bestimmten Kursniveau (Trigger) beschränkt. Sollte dieses während der
Laufzeit (amerikanische Option) oder bei Fälligkeit (europäische Option) berührt oder
unterschritten werden, dann wandelt sich das Partizipationsgeschäft in ein „synthetisches
Devisentermingeschäft" zum „Worst-Case".

Ein Exporteur bekommt in sechs Monaten einen Zahlungseingang über 1 Million US-
Dollar. Der Exporteur sichert sich bei einem Kurs von EUR/USD 1,2300 fest gegen
unvorteilhafte Kursbewegungen ab. Bis zu der Kursschwelle (Trigger) von 1,1350 wird
es dem Exporteur ermöglicht, an einem fallenden Euro zu partizipieren. Sollte der Trigger
erreicht werden, ist der Exporteur zum Abschluss des Geschäfts bei 1,2300 verpflichtet.
Durch eine Aufgabe von 80 Basispunkten zum Terminkurs ermöglicht die Strategie einen
besseren Absicherungskurs um bis zu 869 Basispunkte [1,2220 (Terminkurs) -1,1351
(bestmöglicher Kurs)].

Zusammensetzung: Kauf eines leicht „aus dem Geld" EUR Call/USD Put und Verkauf
eines „im Geld" EUR Put/USD Call Barrier Option mit dem Knock-In Level bei 1,1350.

► Kauf	■ A: EUR Call / USD Put	Strike 1,2300	
► Verkauf	■ B: EUR Put / USD Call	Strike 1,2300	Knock-In 1,1350

Devisentermingeschäft mit Partizipationschance

.... Terminkurs: 1,2220   - - - - Ohne Sicherung   – – – ohne Trigger   —— mit Trigger

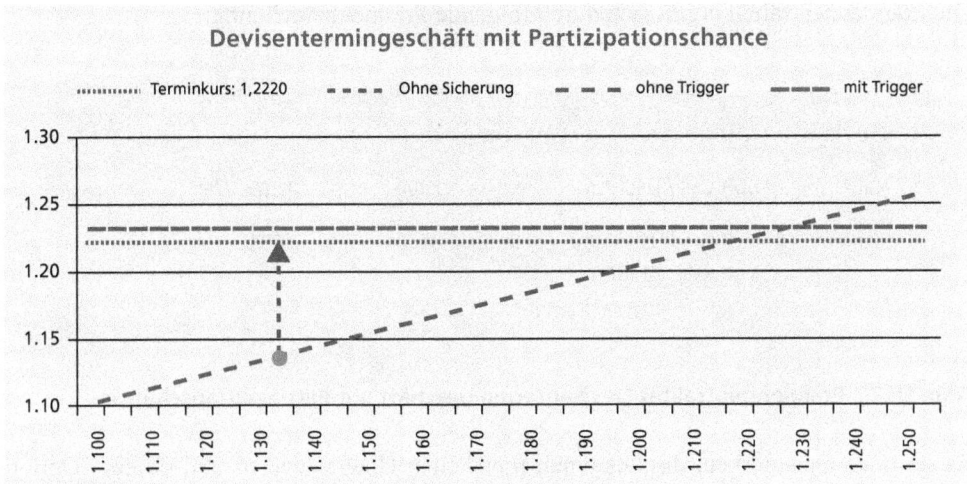

Abb. 10.25: Devisentermingeschäft mit Partizipationschance

Szenario 1: Der Kurs liegt bei Fälligkeit über 1,2300: Der Exporteur übt die gekaufte EUR Call Option (Option A) aus und verkauft die US-Dollar bei 1,2300. Aus der Verkaufsoption erfolgt keine Inanspruchnahme. Dies entspricht dem „Worst-Case" dieser Strategie.

Szenario 2: Der Kurs hat die Kursschwelle während der Laufzeit (amerikanischer Typ) oder bei Fälligkeit (europäischer Typ) berührt oder unterschritten. Die verkaufte EUR Put Barrier Option (Option B) mit Knock-In bei 1,1350 ist eingeknockt bzw. aktiviert worden. Aus dieser wird der Exporteur in Anspruch genommen, d.h. er muss die US-Dollar bei 1,2300 verkaufen/liefern.

Szenario 3: Der Kurs liegt bei Fälligkeit unter 1,2300 und hat die Kursschwelle nie erreicht. Der Exporteur lässt die Kaufoption verfallen. Die Verkaufsoption ist noch nicht aktiv, es folgt keine Inanspruchnahme. Der Exporteur kann zu den aktuell günstigeren Marktpreisen handeln.

Die Prämienneutralität ergibt sich durch folgende Prämienberechnung:

▶ **Devisentermingeschäft mit Partizipationschance**

Kauf	EUR Call / USD Put	Strike 1,2300	-2.28%
Verkauf	EUR Put / USD Call Knock-In 1,1350	Strike 1,2300	2.29%
			0.01%

Abb. 10.26: Pramienneutralität Devisentermingeschäft mit Partizipationschance

Es sei noch anzumerken, dass es einen preislichen Unterschied macht, ob eine Option amerikanischen oder europäischen Typs gekauft wird. In diesem Fall ist die gekaufte Barrier Knock-In Option amerikanischen Typs billiger als die europäischen Typs. Dies erklärt sich mit der Wahrscheinlichkeit, dass die Option aktiviert wird. Diese ist bei einer Option amerikanischen Typs, bei der die Kursschwelle während der ganzen Laufzeit gilt, größer. Für die weiteren Strukturen wird, wenn nicht ausdrücklich erwähnt, von Optionen amerikanischen Typs ausgegangen.

Das Devisentermingeschäft mit Partizipationschance ist unter folgenden Bezeichnungen am Markt vertreten: DTG + Chance, Forward Plus, Termingeschäft mit Chance, Convertible Forward, At Expiry forward extra Contract (europäischen oder amerikanischen Typs).

Diese beliebte Struktur des Devisentermingeschäfts mit Partizipationschance bietet darüber hinaus verschiedene Variationsmöglichkeiten der Basispreise und Knock-In Levels. Eine beliebte Variation ist die des Devisentermingeschäfts mit Partizipationschance + Bonus. Die Option funktioniert vom Prinzip her ähnlich der soeben beschriebenen. Der Unterschied liegt darin, dass sich die Struktur bei Erreichen der Kursschwelle nicht in ein „synthetisches DTG" zum „Worst-Case" wandelt, sondern zu einem Sicherungsgeschäft mit Bonuskurs. Dieser ist gleich oder besser als der Terminkurs bei Abschluss. Um diesen zu erreichen, muss eine andere Variable abgeändert werden. In diesem Fall wird der Trigger von 1,1350 auf 1,1450 erhöht. Daraus ergibt sich folgende Struktur:

▶ Kauf	▪ EUR Call / USD Put	Strike 1,2300		
▶ Verkauf	▪ EUR Put / USD Call	Strike 1,2200	Knock-In 1,1450	

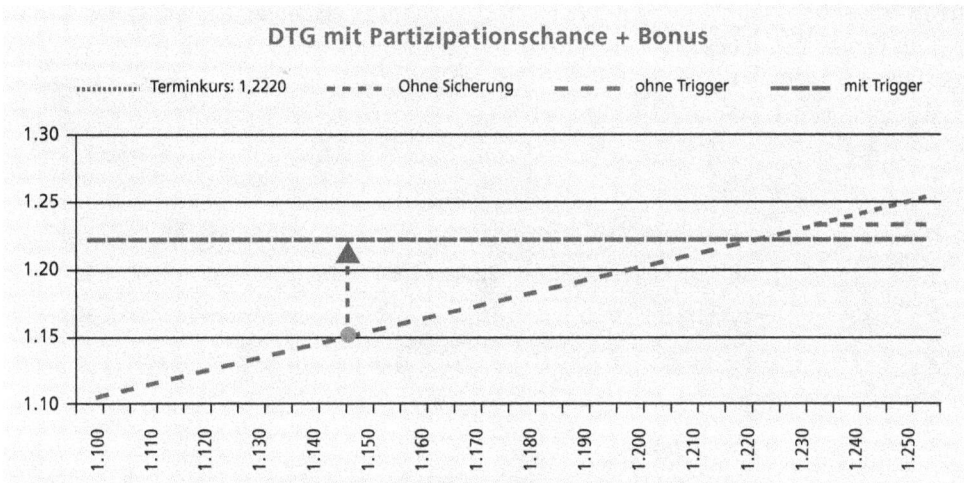

Abb. 10.27: DTG mit Partizipationschance + Bonus

Die gestrichelte Linie stellt den ursprünglichen „Worst-Case" der Strategie dar. Wie dem Schaubild zu entnehmen ist, wandelt sich die Struktur zum ursprünglichen Terminkurs, und ist damit 100 Basispunkte besser als der „Worst-Case". Die Szenarien verlaufen gleich denen des Partizipationstermingeschäfts mit Chance, mit der Ausnahme, dass sich der Absicherungskurs bei Erreichen der Kursschwelle nicht in ein „synthetisches DTG" bei 1,2300 wandelt, sondern bei dem Bonuskurs von 1,2200.

Weitere am Markt gebräuchliche Bezeichnungen sind: Bonus-Termingeschäft mit Chance, Convertible Forward with Rebate, Reset Forward plus.

10.4.2 Bonus Forward

Diese Struktur garantiert einen Absicherungskurs („Worst-Case"), mit der Möglichkeit an einem niedrigeren Euro-Kurs bzw. höheren Fremdwährungskurs zu partizipieren und somit einen besseren Kurs als den aktuellen Terminkurs zu erzielen. Diese Partizipationschance besteht, wenn sich der Kurs während der Laufzeit innerhalb einer bei Abschluss festgelegten Kursbandbreite bewegt. Sollte diese berührt oder über- bzw. unterschritten werden, wandelt sich die Struktur in ein „synthetisches DTG" zum „Worst-Case". Dieses ist schlechter als der aktuelle Terminkurs. Sollte der Kurs innerhalb der Kursbandbreite bleiben, bietet die Strategie eine zusätzliche Profitchance.

Der Exporteur sichert sich bei einem Kurs von 1,2450 im schlechtesten Fall ab, dies entspricht dem schlechtestmöglichen Kurs seiner Kalkulation (230 Basispunkte schlechter als Terminkurs), der bei Berühren oder Überschreiten bzw. Unterschreiten der Kursbandbreite eintritt. Gleichzeitig sichert sich der Exporteur die Partizipationsmöglichkeit bis zu einem bestmöglichen Kurs bei 1,1201 (ca. 1000 Basispunkte besser als das aktuelle Termingeschäft). Diese besteht nur, wenn der Kurs innerhalb der Kursbandbreite von 1,1200 bis 1,3000 verbleibt. In diesem Fall, verbessert sich der Absicherungskurs um 350 Basispunkte von 1,2450 auf 1,2100.

▶ Kauf	▪ A: EUR Call / USD Put	Strike 1,2100	Double Knock-Out 1,12 / 1,30
	▪ B: EUR Call / USD Put	Strike 1,2450	Double Knock-In 1,12 / 1,30
▶ Verkauf	▪ C: EUR Put / USD Call	Strike 1,2450	Double Knock-In 1,12 / 1,30

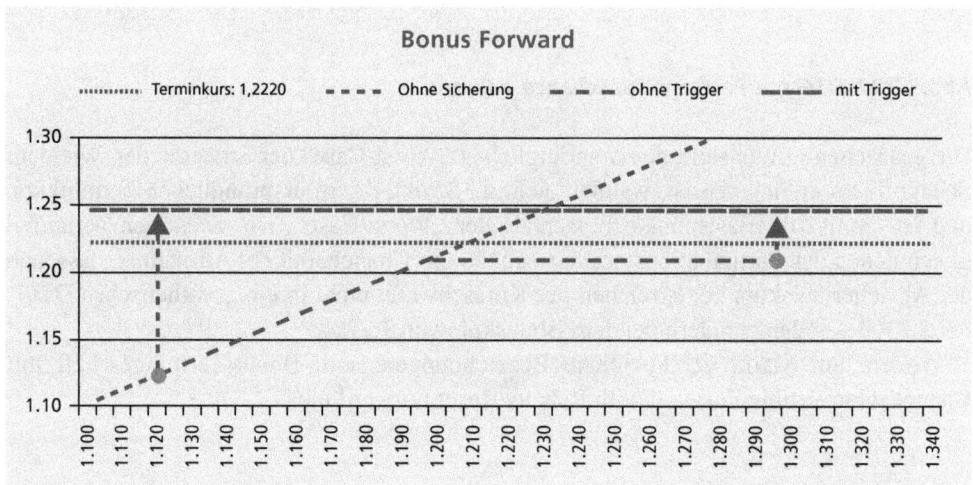

Abb. 10.28: Bonus Forward

Szenario 1: Der Kurs liegt bei Fälligkeit über 1,2100 und die Kursschwellen wurden während der Laufzeit nie erreicht oder überschritten bzw. unterschritten, d.h. die Barrier Knock-In Optionen sind noch nicht „aktiviert". Der Exporteur übt die gekaufte EUR Call Option (Option A) aus und verkauft die US-Dollar bei 1,2100.

Szenario 2: Der Kurs liegt bei Fälligkeit unterhalb 1,2100 und die Kursschwellen wurden während der Laufzeit nie erreicht oder überschritten bzw. unterschritten. Der Exporteur lässt die Kaufoption (Option A) verfallen und kann zu den günstigen Marktkonditionen handeln. Im Bestfall entspricht sein Absicherungskurs 1,1201 und damit etwa 1000 Basispunkte besser als der aktuelle Terminkurs.

Szenario 3: Der Kurs hat während der Laufzeit eine der beiden Kursschwellen berührt oder unterschritten bzw. überschritten. Die gekaufte EUR Call Knock-Out Option (Option A) verfällt, die gekaufte EUR Call Knock-In Option (Option B) und die verkaufte EUR Put Knock-In Option (Option C) werden hingegen „aktiviert". Der Exporteur ist durch die Inanspruchnahme der Verkaufsoption verpflichtet, die US-Dollar bei 1,2450 zu liefern. Folglich muss der Exporteur das Geschäft bei 1,2450 durchführen.

Erneut ergibt sich die folgende Prämienneutralität:

▶ **Double Knock-Out – Knock-In**

Kauf	EUR Call / USD Put Double Knock-Out 1,12 - 1,30	Strike 1,2100	-0.65%
Kauf	EUR Call / USD Put Double Knock-In 1,12 - 1,30	Strike 1,2450	-1.68%
Verkauf	EUR Put / USD Call Double Knock-In 1,12 - 1,30	Strike 1,2450	2.15%
			-0.18%

Abb. 10.29: Prämienneutralität Bonus Forward

Für diese Struktur haben sich folgende Bezeichnungen am Markt etabliert: Bonus Forward, Bonus Participation Forward, Resetting Forward, Termin Garant Dual, Termingeschäft mit Maximierungsbandbreite, Bandbreiten Termingeschäft, Butterfly Forward

Die beschriebenen Strategien ermöglichen dem Exporteur die Partizipation an einem niedrigeren Euro-Kurs bzw. höheren Fremdwährungskurs, sprich, einer vorteilhaften Kursbewegung bei gleichzeitiger Absicherung gegen unvorteilhafte Kursbewegungen. Die folgenden Strategien ermöglichen teilweise weiterhin die Partizipation an niedrigeren Euro-Kursen, jedoch bieten sie gleichzeitig die Chance den Absicherungskurs durch einen steigenden Euro bzw. niedrigeren US-Dollar Kurs zu verbessern.

10.4.3 Partizipationsgeschäft „steigender Euro"

Mit dieser Strategie ist es dem Exporteur möglich, seinen Absicherungskurs durch einen steigenden Euro zu verbessern. Er partizipiert mit 100% an der Kursbewegung, bis zu einer bestimmten Kursschwelle. Wird diese während der Laufzeit berührt oder überschritten, dann wandelt sich das Geschäft in ein „synthetisches DTG" zu einem etwas schlechteren Absicherungskurs als der aktuelle Terminkurs.

Der Exporteur erwartet einen steigenden Euro und möchte an diesem partizipieren. Sein Kalkulationskurs liegt bei 1,2300 und damit 80 Basispunkte über dem aktuellen Terminkurs. Die Struktur ermöglicht es dem Exporteur, bis zu einem Kurs von 1,3300 an einem steigenden Euro zu partizipieren.

▷ Kauf	■ A: EUR Call / USD Put	Strike 1,2300	
	■ B: EUR Call / USD Put	Strike 1,2300	Knock-Out 1,3300
▷ Verkauf	■ C: EUR Put / USD Call	Strike 1,2300	

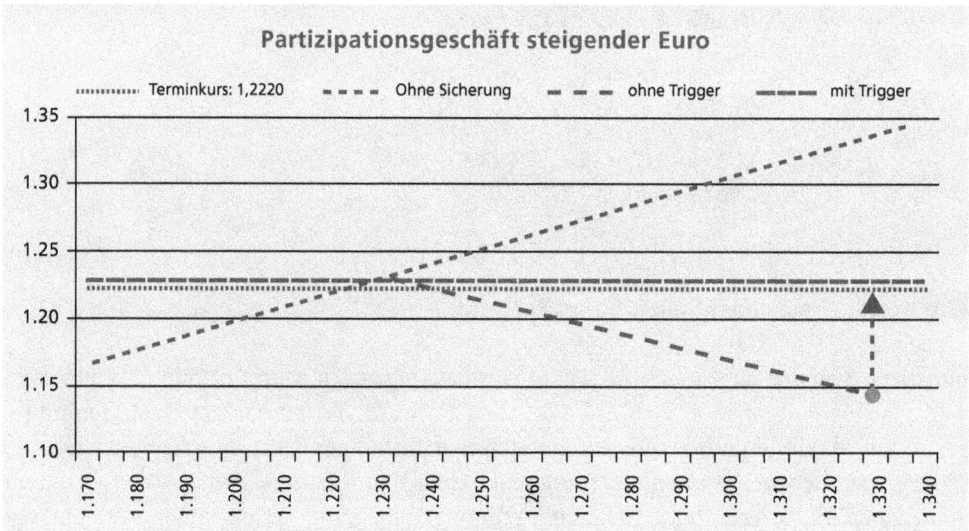

Abb. 10.30: Partizipationsgeschäft steigender Euro

Szenario 1: Der Kurs liegt bei Fälligkeit unter 1,2300. Durch die Verkaufsoption (Option C) bei 1,2300 und die daraus folgende Inanspruchnahme ist der Exporteur verpflichtet, das Geschäft bei 1,2300 zu handeln.

Szenario 2: Der Kurs hat die Kursschwelle von 1,3300 überschritten oder berührt. Das Geschäft wandelt sich in ein „synthetisches DTG" bei 1,2300.

Szenario 3: Der Euro ist, wie vom Exporteur erwartet, gestiegen, z.B.: auf 1,2700. Aus der Verkaufsoption (Option C) erfolgt keine Inanspruchnahme. Die Kaufoptionen werden vom Exporteur ausgeübt. Eine der Optionen (Option A) verwendet der Exporteur, um den

US-Dollar-Eingang aus dem Exportgeschäft zu verkaufen. Für die zweite Option (Option B) benötigt der Exporteur 1 Million US-Dollar, um diese dann durch das Optionsrecht zu verkaufen. Der Exporteur kauft die US-Dollar am Markt für 787.401,58 Euro (1.000.000 USD / 1,2700 EUR/USD = 787.401,58 EUR). Durch die Option kann der Exporteur 1 Million US-Dollar bei 1,2300 für 813.008,13 Euro verkaufen. Durch den Gewinn der beiden Geschäfte von 25.606,56 Euro ergibt sich ein tatsächlicher Kurs der Strategie von 1,1924 [1.000.000 USD / (813.008,13 EUR + 25.606,56 EUR)]. Der Exporteur hat folglich seinen Absicherungskurs von 1,2300 um 376 Basispunkte verbessert, bzw. um 296 Basispunkte gegenüber dem Terminkurs.

Die folgende Tabelle zeigt eine ausführliche Berechnung des Absicherungskurses:

Kassakurs	Kauf zum Kassakurs	Verkauf bei 1,2300	Gewinn	Gesamtbetrag	Absicherungs-kurs
1.2400	806,451.61 €	813,008.13 €	6,556.52 €	819,564.65 €	1.2202
1.2500	800,000.00 €	813,008.13 €	13,008.13 €	826,016.26 €	1.2106
1.2600	793,650.79 €	813,008.13 €	19,357.34 €	832,365.47 €	1.2014
1.2700	787,401.57 €	813,008.13 €	25,606.56 €	838,614.69 €	1.1924
1.2800	781,205.00 €	813,008.13 €	31,758.13 €	844,766.26 €	1.1838
1.2900	775,193.80 €	813,008.13 €	37,814.33 €	850,822.46 €	1.1753
1.3000	769,230.77 €	813,008.13 €	43,777.36 €	856,785.49 €	1.1672
1.3100	763,358.78 €	813,008.13 €	49,649.35 €	862,657.48 €	1.1592
1.3200	757,575.76 €	813,008.13 €	55,432.37 €	868,440.50 €	1.1515
Trigger	Absicherungs-kurs				
1.3300	1.23 €				
1.3400	1.23 €				
1.3500	1.23 €				
1.3600	1.23 €				
1.3700	1.23 €				
1.3800	1.23 €				

Abb. 10.6: Berechnung Partizipation „steigender Euro"

Auch diese Strategie ist aufgrund der folgenden Rechnung prämienneutral.

▶ **Partizipation „steigender EURO"**

Kauf	EUR Call / USD Put	Strike 1,2300	-0.67%
Kauf	EUR Call / USD Put Knock-Out 1,30000	Strike 1,2300	-2.30%
Verkauf	EUR Put / USD Call	Strike 1,2300	3.15%
			0.18%

Abb. 10.32: Prämienneutralität Partizipation „steigender Euro"

Auch bei dieser Strategie bestehen, ähnlich wie beim DTG mit Partizipationsmöglichkeit, verschiedene Variationsmöglichkeiten. Häufig wird auch hier die Variante des Bonuskurses gewählt. Sollte die Kursschwelle erreicht werden, verbessert sich der Absicherungskurs. Für diesen Vorteil wird oftmals die Kursschwelle, und somit die Partizipationschance, etwas verkleinert.

10.4.4 Partizipation steigender oder fallender Euro

Bisher wurden Strategien erläutert, die entweder an einem fallenden oder einem steigenden Euro partizipieren. Die folgende Strategie verbindet diese beiden Eigenschaften und ermöglicht somit die beidseitige Partizipation. Diese Partizipation ist jedoch in beide Richtungen durch eine Kursschwelle beschränkt. Sollte eine dieser Schwellen erreicht werden, wandelt sich das Geschäft in ein „synthetisches DTG" zu einem Absicherungskurs („Worst-Case"), der über dem heutigen Terminkurs liegt. Bleibt der Kurs innerhalb der Kursschwellen, bietet die Strategie eine zusätzliche Profitchance.

Der Exporteur möchte sowohl an einem steigenden wie auch an einem fallenden Euro partizipieren. Der Absicherungskurs liegt bei 1,2300. Daraus ergeben sich die Partizipationschancen bis 1,1500 als untere Kursschwelle und 1,2950 als obere Kursschwelle. Fällt der Euro und die Kurschwelle wird nicht erreicht, partizipiert der Exporteur mit der Kursbewegung zu 100%. Steigt der Euro, partizipiert er mit dem Partizipationsbetrag (siehe Szenario 3).

▶ Kauf   ■ A: EUR Call / USD Put   Strike 1,2300
                Double Knock-Out: 1,1500/1,2950

                ■ B: EUR Call / USD Put   Strike 1,2300
                Double Kock-Out: 1,1500/1,2950

                ■ C: EUR Call / USD Put   Strike 1,2300
                Double Knock-In: 1,1500/1,2950

▶ Verkauf   ■ D: EUR Put / USD Call   Strike 1,2300
                Double Knock-In: 1,1500/1,2950

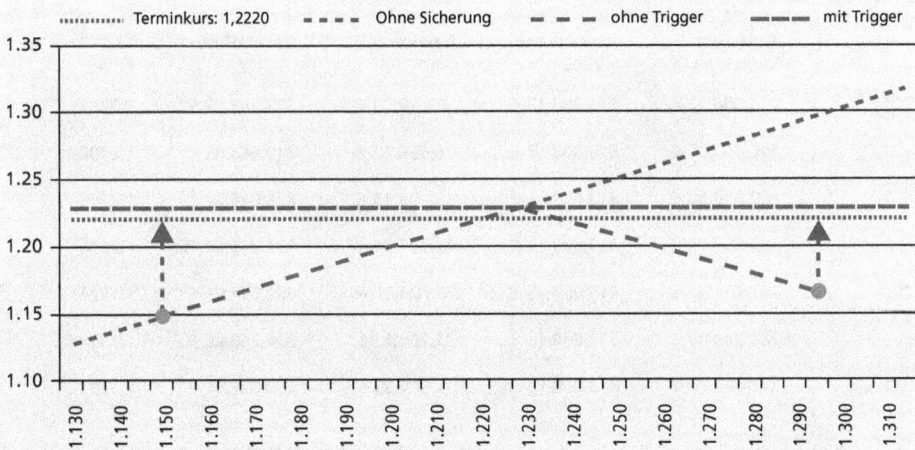

Abb. 10.33: Partizipation steigender und fallender Euro

Szenario 1: Eine der beiden Kursschwellen wurde überschritten bzw. unterschritten oder berührt. Die zwei Barrier Kaufoptionen mit Knock-Out (Option A+B) werden ausgeknockt und somit wertlos. Die Knock-In Kaufoption (Option C) und die Knock-In Verkaufsoption (Option D) werden „aktiviert". Aus der Verkaufsoption folgt die Inanspruchnahme. Folglich wandelt sich das Partizipations-Termingeschäft in ein „synthetisches DTG" bei 1,2300.

Szenario 2: Die Kursschwellen wurden nicht erreicht. Der Kurs liegt bei Fälligkeit unterhalb von 1,2300. Der Exporteur lässt die Kaufoptionen verfallen und handelt am aktuell günstigen Markt.

Szenario 3: Die Kursschwellen wurden nicht erreicht. Der Kurs liegt über 1,2300, beispielsweise bei 1,2700.

Der Exporteur besitzt zwei gültige EUR-Call Kaufoptionen (Option A+B). Er übt eine Option für sein Exportgeschäft aus. Die zweite Option wird ebenfalls vom Exporteur ausgeübt. Für die Erfüllung benötigt er 1 Million US-Dollar. Diese kauft sich der Exporteur am Markt für 787.401,58 Euro (1.000.000 USD / 1,2700 EUR/USD = 787.401,58 EUR). Durch die Option kann der Exporteur 1 Million US-Dollar bei 1,2300 für 813.008,13 Euro verkaufen. Durch den Gewinn der beiden Geschäfte von 25.606,56 Euro verbessert sich der tatsächliche Kurs der Strategie von 1,2300 auf 1,1924. [1.000.000 USD / (813.008,13 EUR + 25.606,56 EUR)]. Der Exporteur hat folglich seinen Absicherungskurs von 1,2300 um 376 Basispunkte verbessert, bzw. um 296 Basispunkte gegenüber dem Terminkurs.

Die folgenden zwei Abbildungen zeigen erneut eine ausführliche Rechnung des Absicherungskurses sowie die Rechnung der Prämienneutralität.

Kassakurs	Kauf zum Kassakurs	Verkauf bei 1,2300	Gewinn	Gesamtbetrag	Absicherungs-kurs
1.2300	813,008.13 €	813,008.13 €	0.00 €	813,008.13 €	1.2300
1.2400	806,451.61 €	813,008.13 €	6,556.52 €	819,564.65 €	1.2202
1.2500	800,000.00 €	813,008.13 €	13,008.13 €	826,016.27 €	1.2106
1.2600	793,650.79 €	813,008.13 €	19,357.34 €	832,365.47 €	1.2014
1.2700	787,401.57 €	813,008.13 €	25,606.56 €	838,614.69 €	1.1924
1.2800	781,250.00 €	813,008.13 €	31,758.13 €	844,766.26 €	1.1838
1.2900	775,193.80 €	813,008.13 €	37,814.33 €	850,822.46 €	1.1753

Tab. 10.7: Berechnung Partizipation „steigender + fallender EURO"

▶ Partizipation „steigender + fallender EURO"

Kauf	EUR Call / USD Put Strike 1,2300 Double Knock-Out 1,15-1,2950	-0.28%
Kauf	EUR Call / USD Put Strike 1,2300 Double Knock-Out 1,15-1,2950	-0.28%
Kauf	EUR Call / USD Put Strike 1,2300 Double Knock-In 1,15-1,2950	-2.11%
Verkauf	EUR Put / USD Call Strike 1,2300 Double Knock-In 1,15-1,2950	2.55%
		-0.12%

Abb. 10.33: Prämienneutralität Partizipation „steigender + fallender Euro"

10.4.5 Vergleich der Strukturen

Abschließend soll die folgende Tabelle die Strategien der Plain Vanilla Optionen sowie der „Structured Forwards" nochmals zusammenfassen. Darüber hinaus soll sie als Vergleichsmöglichkeit der verschiedenen Strategien dienen.

Verlauf des Kassa- kurses	Partici- pating forward	Risk reversal	Seagull	DTG + Part. chance	DTG + Partiz. + Bonus	Double Knock-In Knock-Out	steigender EURO	steigender EURO + Bonus	Steigender + fallen- der EURO
1,0500	1,1329	1,1900	1,1300	1,2300	1,2220	1,2450	1,2300	1,2300	1,2300
1,0800	1,1501	1,1900	1,1600	1,2300	1,2220	1,2450	1,2300	1,2300	1,2300
1,1200	1,1724	1,1900	1,2000	1,2300	1,2220	1,1200	1,2300	1,2300	1,2300
1,1400	1,1833	1,1900	1,2100	1,1400	1,2220	1,1400	1,2300	1,2300	1,2300
1,1600	1,1940	1,1900	1,2100	1,1600	1,1600	1,1600	1,2300	1,2300	1,1600
1,1800	1,1993	1,1900	1,2100	1,1800	1,1800	1,1800	1,2300	1,2300	1,1800
1,2000	1,2148	1,2000	1,2100	1,2000	1,2000	1,2000	1,2300	1,2300	1,2000
1,2200	1,2250	1,2200	1,2200	1,2200	1,2200	1,2200	1,2300	1,2300	1,2200
1,2400	1,2300	1,2300	1,2400	1,2300	1,2300	1,2300	1,2202	1,2202	1,2202
1,2600	1,2300	1,2300	1,2500	1,2300	1,2300	1,2300	1,2014	1,2014	1,2014
1,2800	1,2300	1,2300	1,2500	1,2300	1,2300	1,2300	1,1838	1,1838	1,1838
1,3000	1,2300	1,2300	1,2500	1,2300	1,2300	1,2300	1,1672	1,1672	1,2300
1,3200	1,2300	1,2300	1,2500	1,2300	1,2300	1,2450	1,1515	1,2300	1,2300
1,3600	1,2300	1,2300	1,2500	1,2300	1,2300	1,2450	1,2300	1,2300	1,2300
1,4000	1,2300	1,2300	1,2500	1,2300	1,2300	1,2450	1,2300	1,2300	1,2300

Tab. 10.8: Kursszenarien

10.4.5 Vergleich der Strukturen

11   Fazit und Ausblick

Einleitend wurde bereits ausgeführt, dass die Währungen der Industrienationen aufgrund von Handelsungleichgewichten, Zinssätzen, Rohstoffpreisen und politischen Unsicherheiten seit geraumer Zeit immer größeren Schwankungen ausgesetzt sind. Im Zusammenhang mit der fortschreitenden Globalisierung und der Wettbewerbsorientierung der Märkte stieg die Nachfrage nach effektiven Kurssicherungsinstrumenten stark an.

Wie das vorliegende Buch zeigt, existiert an den Devisenmärkten eine Vielzahl von Kurssicherungsinstrumenten. Durch die Schnelllebigkeit des Marktes und die ständige Weiterentwicklung der Instrumente wird dieser Markt immer wieder neue Produkte hervorbringen und neuen Strategien den Weg ebnen. Daher ist es für jedes Unternehmen zunächst wichtig, die Wechselkurs- und Devisenmärkte zu verstehen, um die Risiken anschließend besser minimieren zu können. Die Wahl des Kurssicherungsinstruments hängt stark vom jeweiligen Unternehmen ab. Eine wichtige Regel sollte dabei immer sein, dass nur solche Kurssicherungsinstrumente benutzt werden, die im Unternehmen vollständig verstanden werden und auch von der Ausgestaltung her sinnvoll sind. Diese Problematik stellt sich besonders bei den strukturierten Termingeschäften bzw. „Structured Forwards", die größtenteils von Banken als Gesamtpakete verkauft werden. Dadurch ist es dem Unternehmen nur schwer möglich, die einzelnen Bestandteile zu erkennen und somit zu verstehen. Das ist jedoch Voraussetzung für die Wahl einer Kurssicherungsstrategie und den Vergleich mit weiteren Anbietern.

Dieses Buch soll Unternehmen als Leitfaden und Praktikern als Nachschlagewerk dienen sowie Studierende mit der komplexen Thematik vertraut machen. Die Komplexität der Instrumente soll kein Hinderungsgrund mehr für deren zielgerichteten Einsatz sein. Jedes Unternehmen sollte anschließend die Strategien einsetzen können, so dass diese zum gewünschten Ergebnis führen. Es stellt sich häufig die Frage, inwieweit Bedarf für neue Absicherungsinstrumente besteht. Um dieser Frage etwas näher nachzugehen, muss auf die neuen Rechnungslegungsstandards nach IFRS eingegangen werden. Das IASB hat am 31. März 2004 eine überarbeitete Form der Vorschriften des Hedge Accounting (IAS 39) veröffentlicht. Durch die neuen Regelungen hat sich eine Bewertungsproblematik für einige Derivate ergeben, insbesondere für exotische Derivate. Generell ist die Nachfrage nach Plain Vanilla Produkten und Strategien aus PV-Optionen groß und wird überwiegend von den großen Unternehmen erzeugt, die nach IFRS bilanzieren. Es wird interessant sein, ob sich dieser Trend nach Klärung der IFRS-Problematik umkehrt. Betrachtet man jedoch die Situation vor der Einführung von IFRS, in der große Unternehmen den Großteil ihres Währungsexposures mit Termingeschäften und PV-Optionen abgesichert haben, ist es fraglich, ob eine Trendwende tatsächlich eintreten wird.

Einem anderen Trend folgen hingegen die mittelständischen Unternehmen, die noch nicht nach IFRS bilanzieren müssen. Sie fragen immer mehr Strukturen aus exotischen Devisenoptionen nach. Es bleibt abzuwarten, inwieweit sich die Banken in Zukunft noch mehr auf den Mittelstand konzentrieren, um ihre neuen Finanzentwicklungen zu vertreiben. Durch das weitere Wachstum der Devisenmärkte, besonders im Hinblick auf die exotischen Währungen, wird auch die Nachfrage nach Kurssicherungsinstrumenten weiter steigen. Es wird notwendiger denn je, das Risikobewusstsein gegenüber den Währungsrisiken in den Unternehmen zu verankern und diesen gleichzeitig das nötige Werkzeug in die Hand zu legen, diese Risiken zu kontrollieren.

Unserer Meinung nach sollte ebenfalls immer ein Seitenblick auf den aktuellen Goldpreis geworfen werden. Da Gold das „einzige" wirkliche wertbeständige haptische Gut darstellt, kommt ihm hier eine besondere Schlüsselrolle zu. Gerade in unruhigen Zeiten ist Gold stets als „Save Haven" gerne gesehen und übernimmt oft als Modulator eine aktive Aufgabe in den Portfolios der großen Investoren. Gleichzeitig kommt Gold eine große Aufgabe zu, sollten sich die Währungssysteme ändern oder ändern müssen.

Akio Morita, langjähriger Vorstandsvorsitzender der Sony Corporation, hat bereits vor längerer Zeit formuliert:

> *„Unter den heutigen Bedingungen sind Spitzenmanager gezwungen,*
> *sich mehr mit dem Geld- und Devisenmarkt auseinanderzusetzen*
> *als mit dem langfristigen Gedeihen ihres Unternehmens."*

Ob dies eine treffende oder leicht überspitzte Aussage darstellt, bleibt der Interpretation des Lesers überlassen. Tatsache ist jedoch, dass der Devisenmarkt, wie kein anderer Markt der Welt, die internationale Wirtschaft und die Gewinne der Unternehmen mitbestimmen wird.

12   Fragen und Antworten

12.1 Fragen

1. *In wie viele Gruppen haben wir die Wechselkurssysteme eingeteilt und wie nennt man diese?*

2. *Was versteht man unter Cross Rates?*

3. *Was versteht man unter einem Devisenfuture?*

4. *Was versteht man unter Mark-to-Market?*

5. *Stimmt die nachfolgende Aussage?*
    Ein klassisches Devisentermingeschäft zwischen Bank und Client ist immer standardisiert und somit auch an der Börse handelbar.

6. *Eine Option beinhaltet eine Pflicht, die ausgeübt werden muss? Ist dies korrekt?*

7. *Wer modifizierte das von Black und Scholes aufgestellte Modell zur Berechnung von Optionspreisen für den Devisenbereich?*

8. *Stimmt die nachfolgende Aussage? Das Gamma ist am höchsten, wenn eine Option am Geld ist, da dort die Veränderung des Deltas durch eine Veränderung des Wechselkurses am höchsten ist.*

9. *Wann erreicht ein short Straddle seinen maximalen Gewinn (am Verfallstag)?*

10. *Was ist eine Chooser Option?*

12.2 Antworten

zu 1. *Es gibt vier Gruppen:*

- *Feste Wechselkursregelungen.*

- *Völlig freie Wechselkurse.*

- *Systeme der geregelten freien Wechselkurse.*
- *Systeme der gekoppelten Wechselkurse.*

Als extremster Fall existiert das System einer Wechselkursregelung ohne eigene Währung.

zu 2. *Wenn zwei Währungspaare nicht direkt miteinander gehandelt werden und es zu einer Konvertierung über eine Dritte kommt, spricht man von einem Cross Rate. Die Währungen werden „über kreuz" gehandelt.*

zu 3. *Ein Devisenfuture ist ein unbedingtes börsengehandeltes Termingeschäft, welches als Underlying Devisen beinhaltet. Im Gegensatz zum Devisenforward wird dieses Geschäft über die Börse und die dazugehörige Clearingstelle abgewickelt.*

zu 4. *Das bedeutet, dass am Ende des Geschäftstages Gewinne und Verluste aus der Futureposition ausgeglichen werden. Dadurch entsteht ein Zahlungsstrom zwischen den beiden Futureparteien. Ein Ansammeln der Gewinne bzw. des Verlustes ist somit ausgeschlossen.*

zu 5. *Die Aussage ist falsch. Klassische zwischen Bank und Kunde abgeschlossene Devisentermingeschäfte sind individuelle bilaterale Finanzverträge und sind weder in den eingeschlossenen Eckpunkten noch in der Art der Übertragbarkeit standardisiert.*

zu 6. *Negativ! Eine Option beinhaltet ein Recht, welches ausgeübt werden kann. Übt der Long Investor die Option aus, so muss der Short Investor sich diesem fügen.*

zu 7. *Mark Garman und Steven Kohlhagen modifizierten den Black Scholes Ansatz im Jahr 1983 für Devisenoptionen.*

zu 8. *Ja, die Aussage ist korrekt!*

zu 9. *Eine short Straddle Position hat den maximalen Gewinn, wenn am Verfallstag die Preise bei den Basispreisen der Option angesiedelt sind.*

zu 10. *Eine Option, bei der der Käufer wählen kann, ob es eine Call oder Put Option ist. Dieses Wahlrecht steht ihm eine gewisse Zeit zur Verfügung.*

13 Literatur- und Quellenverzeichnis

Bücherquellen

Beike, Rolf Dr.; Barckow, Andreas.: Risk-Management mit Finanzderivaten, 3.Auflage, Boston 2002

Bloss, Michael; Ernst, Dietmar: Derivate – Handbuch für Finanzintermediäre und Investoren, 1. Auflage, München 2008

Buckley, Adrian: Multinational Finance, 4th edition, Harlow 2000

Choudhry, Moorad: The Bond & Money Markets, Burlington 2001

Choudry, Moorad; Pereira, Richard; Pienaar, Rod; Joannas, Didier: Capital Market Instruments, London 2002

DeRosa, David F.: Options on Foreign Exchange, 2nd edition, New York, 2000

DeRosa, David: Currency Derivatives, New York 1998

Dicks, James: Forex Made Easy, London 2004

Eilenberger, Guido: Währungsrisiken, Währungsrisikomanagement und Devisenkurssicherung von Unternehmen, 4.Aufl., Frankfurt am Main 2004

Fabozzi, Frank J.: The Handbook of Financial Instruments, New Jersey 2002

Fastrich, Hedrik; Hepp, Stefan: Währungsmanagement international tätiger Unternehmen, Stuttgart 1991

Friberg, Richard: Exchange Rates and the Firm, New York 1999

Gamper, Philipp Ch.: Währungs-Exposure Management, Hrsg.: Bern; Stuttgart; Wien 1995

Gastineau, Gerry L.; Kritzman, Mark P.: Dictionary of Financial Risk Management, New Hope 1999

Giddy, Ian H.: Global Financial Markets, Lexington 1994

Hicks, Alan: Managing Currency Risk Using Foreign Exchange Options, o.O. 2000

Hull, John C.: Fundamentals of Futures and Options Markets, 5th edition, New Jersey 2005

Hull, John C.: Options, Futures and Other Derivatives, 5th edition, New Jersey 2003

Hull John C.: Optionen, Futures und andere Derivate, 6. Auflage, München 2006

Jabbour, George; Budwick, Phillip: The Option Trader Handbook: Strategies and Trade Adjustments, New Jersey 2004

Kolb, Robert W.; Overdahl, James A.: Financial Derivatives, 3rd edition, New Jersey 2002

Krugman, Paul R.; Obstfeld, Maurice: International Economics, 6th edition, London 2003

Madura, Jeff: Financial Markets ans Institutions, Cienciennati 2001

Madura, Jeff: International Financial Management, 6th edition, High Holborn 2004

McCafferty Thomas A.: All About Options, 2nd edition, New York 1998

McEachern, William A.: Macroeconomics, a Contemporary Introduction, 6th edition, Connecticut 2003

McInish, Thomas H.: Capital Markets, Oxford 2000

Perridon, Louis; Steiner, Manfred: Finanzwirtschaft der Unternehmung, 11. Auflage, München 2002

Rudolph, Bernd; Schäfer, Klaus: Derivative Finanzmarktinstrumente, Berlin 2005

Saliba, Anthony J.: The Options Workbook, 2nd edition, Chicago 2002

Sarno, Lucio; Taylor, Mark P.: The Economics of Exchange Rates, Cambridge 2002

Seethaler, Peter; Steitz, Markus: Praxishandbuch Treasury-Management, Wiesbaden 2007.

Sercu, Piet; Uppal, Raman: International Financial Markets and the firm, London 1995

Shamah, Shani: A Currency Options Primer, West Sussex 2004

Shapiro, Alan C.; Balbirer, Sheldon D.: Modern Corporate Finance, New Jersey 2000

Sherris, Michael: Money & Capital Markets: Pricing, Yields & Analysis, 2nd edition, Crows Nest 1996

Shim, Jae K; Constas, Michael: Encyclopedia Dictionary of International Finance and Banking, Boca Raton 2001

Shoup Gary.: Currency Risk Management, Chicago 1998

Smithson, Charles W.: Managing Financial Risk: A Guide to Derivative Products, Financial Engineering, and Value Maximization, 3rd edition, New York, 1998

Sperber, Herbert: Wirtschaft verstehen, 3. Auflage, Stuttgart 2009

Steinbrenner, Hans- Peter: Professionelle Optionsgeschäfte, Frankfurt 2001

Steinbrenner, Hans-Peter: Optionsrechte in der Praxis – Von Plain Vanilla bis zu Rainbow Optionen, Stuttgart 2000

Steiner, Bob: Foreign Exchange and Money Markets, Oxford, Woburn 2002

Stephens, John J.: Managing Currency Risk Using Financial Derivatives, o.O. 2001

Thompson, Henry: International Economics: Global Markets and International Competition, London 2001

Walmsley, Julian: New Financial Instruments, 2nd edition, o.O., 1998

Ward, Keith; Bender, Ruth: Corporate Financial Strategy, 6th edition, Oxford 2002

Williams, Michael; Hoffman, Amy: Fundamentals of Options Market, New York 2001

Zeitschriftenartikel

Afhüppe, S; Balzli, B; Hornig, F.; Mahler, A.; Wagner W. (2005): Das Währungskarusell – Gleichgewicht des Schreckens. Spiegel special Nr.7/2005, S.113

Black, F.; Scholes, M.: The Pricing of Options and Corporate Liabilities, in: The Journal of Political Economy, Vol.81, Nr.3, May-June 1973.

Calucag, Ernesto B.: Guide to Foreign Exchange Alternative Tools to Risk Management, in BusinessWorld vom 15. April 2005

Espinosa, Ramon: Non-deliverable Forward Contract, in Global Foreign Exchange, Bank of America vom 04.März 2005 *o.V.:* The Hamburger Standard, in: The Economist, July 2007

o.V.: Managing FX translation risk, in: treasurytoday, April 2005

o.V.: Managing FX translation risk part III, in: treasurytoday, Juni 2005

Internet

Africa Recovery-United Nations, 1999 online: The CFA franc: new peg for a common currency, http://www.un.org/ecosocdev/geninfo/afrec/subjindx/124euro3.htm, 13.11.2005

Bank für Internationalen Zahlungsausgleich, 2005 online: An overview of Non-Deliverable Foreign Exchange Forward Markets, http://www.bis.org/publ/cgfs22fedny5.pdf, 28.12.2005

Bank für Internationalen Zahlungsausgleich, 2005 online: Quarterly Review, December 2005, Statistical Annex,http://www.bis.org/publ/qtrpdf/r_qt0512.htm, 26.02.2006

Bank für Internationalen Zahlungsausgleich, 2000 online: Quarterly Review, February 2000, Statistical Annex, http://www.bis.org/publ/r_qt0002.htm, 26.02.2006

Commerzbank, 2002 online: Zins-Währungsswap / Cross-Currency Swap https://www.companyworld.de/de/support/download_center/files/zinswaehrungsswap.pdf -, 28.12.2005

Deutsche Bundesbank, 2001 online: Instrumente zur Analyse von Markterwartungen. http://www.bundesbank.de/download/volkswirtschaft/ mba/2001/200110mba_dichte-funktionen.pdf, 03.01.2006

Deutsche Bundesbank, 2003 online: Weltweite Organisationen und Gremien im Bereich von Währung und Wirtschaft. http://www.bundesbank.de/download/presse/publikatio-nen/weltorg_internet2003.pdf, 26.02.2006

Enoch, C.; Gulde, A. M. 1997 online: Making a Currency Board Operational. http://www.imf.org/external/pubs/cat/longres.cfm?sk=2415.0. 16.02.2006

Europäische Zentralbank, 2005 online: Der Wechselkursmechanismum II (WKN II) Konventionen und Verfahren. http://www.bundesbank.de/download/ezb/pressenotizen/2004/20040628ezb2.pdf; 11.12.2005

Europäische Zentralbank, 2005 online: Monthly Bulletin December, http://www.ecb.int/pub/pdf/mobu/mb200512en.pdf, 11.12.2005

Europäische Zentralbank, 2005 online.: Reference Exchange Rates. http://www.ecb.int/press/pr/date/2005/html/pr050329.en.html, 27.12.2005

Europäische Zentralbank, 2006 online: Euro foreign exchange reference rates, http://www.ecb.int/stats/eurofxref/, 27.02.2006

Financial Policy Forum, 2004 online: Derivative Instruments. http://www.financialpolicy.org/dscinstruments.htm#_ftn2, 17.02.2006

HypoVereinsbank 2005 online: Das Devisengeschäft, http://www.hypovereinsbank.de/media/pdf/fk_fima_devisengeschaeft.pdf, 17.12.2005

International Monetary Fund, 2000 online: Wechselkursregime in einer zunehmend integrierten Weltwirtschaft, http://www.imf.org/external/np/exr/ib/2000/deu/062600g.htm#II, 11.12.2005

International Monetary Fund, Finance & Development, 1998 online: Are Currency Options a Cure for all monetary problems, http://www.imf.org/external/pubs/ft/fandd/1998/12/enoch.htm; 11.12.2005

International Swaps and Derivatives Association: http://www.isda.org/speeches/pdf/ISDA-CommentsFedDerivsLaw24Jul03.pdf 28.12.2005

Investkredit Bank AG, 2005 online: Instrumente des Zins- und Währungsrisikomanagements, http://www.investkredit.at/at/dt/zins_whgmgmt.pdf, 15.12.2005

The East Caribbean Central Bank, 2005 online: Exchange Rates. http://www.eccb-central-bank.org/Currency/exchange.asp#exchangerates, 13.11.2005

Scheller, Hanspeter. S, Deutsche Bundesbank, 2004 online: Die Europäische Zentralbank, Geschichte, Rolle und Aufgaben, http://www.bundesbank.de/download/ezb/publikationen/ezb_publication_geschichte.pdf, 11.12.2005

14 Anhang

14.1 Glossar

Amerikanische Optionen
Diese Optionen können an jedem Börsentag ausgeübt werden

Am Geld
Der Ausübungspreis der Option entspricht (in etwa) dem aktuellen Kurs.

Ask (Brief)
Kurs, zu dem ein Marktteilnehmer bereit ist zu verkaufen.

Arbitrage
Bei der Arbitrage nutzt man Kursunterschiede zwischen zweier Ausführungsplätze am selben Handelstag (selbe Handelszeit) aus. Durch Kauf und gleichzeitigen Verkauf wird Arbitrage betrieben.

Arbitrageur
So wird ein Investor genannt, welcher Arbitrage betreibt.

Aufgeld (Agio)
Bei einem Agio sprechen wir von einem Aufgeld, also einer Zusatzbepreisung. Bei Optionen wird der Zeitwert auch gerne als Aufgeld angegeben.

Aus dem Geld
Der Ausübungspreis ist vom aktuellen Kurs entfernt und bei einem Call niedriger und bei einem Put höher.

Ausübungspreis
Preis, zu welchem die Option ausgeübt wird.

Barausgleich
Wird ein Termingeschäft nicht physisch beliefert, sondern in bar ausgeglichen (z.B. Indexfuture), so spricht man vom Barausgleich.

Basis
Differenz zwischen Spotpreis und dem Futurepreis. Die Basis kann negativ und positiv sein.

Basiswert
Gibt das Underlying, den zugrunde liegenden Basiswert (Aktie; Index; etc.) an.

Basispreis
Ist der Preis, welcher bei der Ausübung der Option bezahlt bzw. erhalten wird.

Basiskonvergenz
Future und Spotpreis entsprechen sich. Dies ist am letzten Handelstag der Fall.

Beta
Gibt die Sensibilität eines Einzelwertes oder Portfolio zum Gesamtmarkt an.

Bid (Geld)
Ist der Preis, zu dem ein Marktteilnehmer kaufen würde.

Call
Kaufoption, das Recht etwas zu einem im Vorhinein festgelegten Preis zu kaufen.

Cost of Carry (CoC)
Finanzierungskostenaufschlag beim Futurepreis. Die CoC entspricht der Basis.

Cross Rate
Werden zwei Währungen über eine weitere gehandelt, so spricht man von Cross Rate.

Delta
Betrag, um den sich der Optionspreis ändert, wenn sich der Basiswert um eine Einheit verändert.

Deport
Abschlag bei einem Devisentermingeschäft

Derivat
Ein Derivat ist eine Ableitung. Termingeschäfte sind also Ableitungen von Kassageschäften. Dabei wird das Kassageschäft nicht gehandelt.

Europäische Option
Die Option kann nur zum Ende der Laufzeit ausgeübt werden (z.B. Indexoptionen).

Fälligkeitsdatum / Verfall
Gibt die Fälligkeit, den Verfall, des Termingeschäftes an.

Future
Ein unbedingtes Termingeschäft

Gamma
Gibt an wie sich das Delta verändert, wenn sich das Underlying verändert. Somit ist das Gamma das Delta vom Delta.

Glattstellung
Auch Closing genannt. Man löst sich aus einem Termingeschäft durch ein Gegengeschäft.

Hedge Ratio
Anzahl der benötigten Kontrakte zum Aufbau einer Hedgestrategie

Hedging
Absicherung von bestehenden Positionen oder Positionen, welche in der Zukunft eingegangen werden sollen

Hedger
So wird ein Investor genannt, der sich gegen Marktentwicklungen absichern will.

Implizierte Volatilität
Ist die Volatilität, welche im Optionspreis widergespiegelt wird. Es handelt sich um die gehandelte Volatilität.

Im Geld
Die Option ist im Geld, wenn bei einem Call der Kurswert über dem Basispreis und bei einem Put unter dem Basispreis notiert.

Innerer Wert
Der Innere Wert ist die Differenz zwischen Kassapreis und dem Ausübungspreis der Option. Dieser kann nie negativ, jedoch Null sein.

Kontrakt
Ein Kontrakt ist der Mindestabschluss eines Termingeschäftes. Der Kontrakt gibt somit die Quantität des Termingeschäftes an.

Kombinationen
Bei Kombinationen werden mindestens zwei verschiedene, aber zueinander gehörende, Termingeschäfte gehandelt. Diese sollten nicht einseitig aufgelöst und stets als Gesamtposition betrachtet werden.

Long Position
Gekaufte Termingeschäfte

Margin
Sicherheitenleistung, welche für Termingeschäfte hinterlegt werden muss. Dabei unterscheidet man zwischen verschiedenen Marginarten und Marginberechnungen.

Option
Ein bedingtes Termingeschäft. Es beinhaltet ein Wahlrecht des Optionskäufers.

Optionspreis
Auch Prämie genannt. Ist der Preis, welche für eine Option bezahlt werden muss.

OTC
OTC steht für over the couter und bedeutet, dass es sich um ein individuelles außerbörsliches Geschäft handelt.

Prämie
Siehe Optionspreis

Plain Vanilla
Es handelt sich hier um ein einfaches, nicht komplexes Konstrukt. Alles ist standardisiert.

Put
Verkaufsoption

Report
Aufschlag bei einem Devisentermingeschäft

Rho
Gibt den Einfluss von Zinsen auf den Optionspreis an.

Settlement
Das Settlement ist die Belieferung eines Termingeschäftes. Diese kann physisch und durch einen Barausgleich erfolgen.

Settlement Preis
Der Settlementpreis ist der täglich zum Handelsschluss festgestellte Preis für ein Termingeschäft. Am letzten Handelstag nennt man den Settlementpreis den Final-Settlementpreis oder auch Schlussabrechnungspreis.

Short Position
Verkaufte Optionspositionen nennt man Short Positionen.

Spekulation
Durch Spekulation soll ein Gewinn in einem Geschäft erwirtschaftet werden. Dafür ist der Spekulant bereit, Risiko zu übernehmen.

Spreader
So wird ein Investor genannt, welcher Spreads handelt.

Spread Position
Optionskombinationen, bei dem der gleichzeitige Verkauf und Kauf von Optionskontrakten im Zusammenhang steht.

Stillhalter
Der Short Investor. Er hat eine Option verkauft und die Prämie erhalten.

SWAP
Bilateraler Finanzvertrag zum Austausch von Zahlungsströmen

SWAP Satz
Gleicht die unterschiedlichen Zinsdifferenzen aus.

Theta
Das Theta gibt den Einfluss des Zeitwertes (bzw. des Zeitwertverfalls) auf den Optionspreis an.

Underlying
Das Underlying gibt den Basiswert an.

Vega
Das Vega gibt den Einfluss der Volatilität auf den Optionspreis an.

Verfallsdatum
Datum, an dem ein Termingeschäft verfällt. Auch Verfallstag oder Fälligkeitstag genannt. In der Regel der 3. Freitag oder 3. Mittwoch im Monat.

Volatilität
Das Ausmaß der tatsächlichen bzw. erwarteten Schwankung eines Finanzinstrumentes. Die Volatilität kann sowohl als historische als auch als implizite berechnet werden. Sie gibt nur die Schwankungsintensität, nicht deren Richtung an.

Zeitwert
Der Teil des Optionspreises, welcher sich auf die Restlaufzeit der Option bezieht und deren Möglichkeit im Geld zu enden. Der Zeitwert nimmt mit abnehmender Restlaufzeit exponentiell ab.

14.2   Währungsswap Beispieltext

Abschluss eines Währungsswaps (Beispieltext)

DATUM

Sehr geehrte Damen und Herren,

hiermit bestätigen wir Ihnen folgenden, auf der Grundlage unseres Rahmenvertrages
für Finanztermingeschäfte getätigten Einzelabschluss:

Rahmenvertrag vom:	10.12.2007
Abschlussdatum:	17.12.2007
Anfangsdatum:	01.01.2008
Enddatum:	01.01.2012
Zahlungspflichtigen:	Der Zahlungspflichtige zahlt an die jeweils andere Partei > Es zahlt der Festbetragszahler A den Festbetrag A; der Festbetragzahler B den Festbetrag B; dasselbe gilt am Enddatum
Zahler Festbetrag A:	Bank AG
Bezugsbetrag:	XX
Währung:	TRY
Festzinssatz:	0,45% p.a.
Quotient:	360/360
Fälligkeit:	Vierteljährlich jeweils zum 1. oder bei Sonn- und Feiertagen den darauf folgenden Banktag
Berechnungszeitraum:	Fälligkeitstag / Fälligkeitstag
Bankarbeitstag für:	Finanzplatz: Istanbul + Target-Tag
Festbeträge B:	Kunde
Bezugsbetrag:	XX
Währung:	EURO
Festzinssatz:	4,80% p.a.
Quotient:	360/360
Fälligkeit:	Vierteljährlich jeweils zum 1. oder bei Sonn- und Feiertagen den darauf folgenden Banktag
Berechnungszeitraum:	Fälligkeitstag / Fälligkeitstag
Bankarbeitstag für:	Finanzplatz: Istanbul + Target-Tag

Zahlungsinstruktionen

Konto für TRY:	007 00098765
Bankverbindung:	XY Bank
Konto für EUR:	008 00098765
Bankverbindung:	XY Bank

Umsätze werden ihrem Konto belastet / gutgeschrieben.

Makler:	Direkt
bes. Vereinbarung:	keine

Wir bitten Sie diese Betätigung per Telefax zu bestätigen. Sollten Sie Abweichungen mit den vereinbarten Bestimmungen des Einzelabschlusses feststellen, bitten wir Sie, diese uns unverzüglich mitzuteilen.

Fax an: 069/123456-789

Die Richtigkeit der vorstehenden Angaben bestätigen Sie uns bitte durch Gegenzeichnung und Rücksendung der kompletten Besteigung an folgende Faxnummer:

069/123456-789

Mit freundlichen Grüßen

XY Bank AG

Unterschrift 1   Unterschrift 2

Mit der obigen Transaktion bin ich einverstanden:

_____

Ort, Datum   Unterschrift Kunde

14.3   Listed Derivatives (FX) an der CME in Chicago

Die an der Terminbörse CME in Chicago handelbaren Devisentermingeschäfe sind über den nachfolgenden Link abzurufen. Ebenfalls sind hier die Kontraktspezifikationen und die Angaben zum Handel zu finden.

▶▶ www.cme.com

www.ingramcontent.com/pod-product-compliance
Lightning Source LLC
Chambersburg PA
CBHW081107220326
41598CB00038B/7257